DAS IST DER
HARZ

Fachwerk. Dampfross. Hexenberg.

Anke Reimann

DAS IST DER HARZ

Fachwerk. Dampfross. Hexenberg.

REGIONALIA

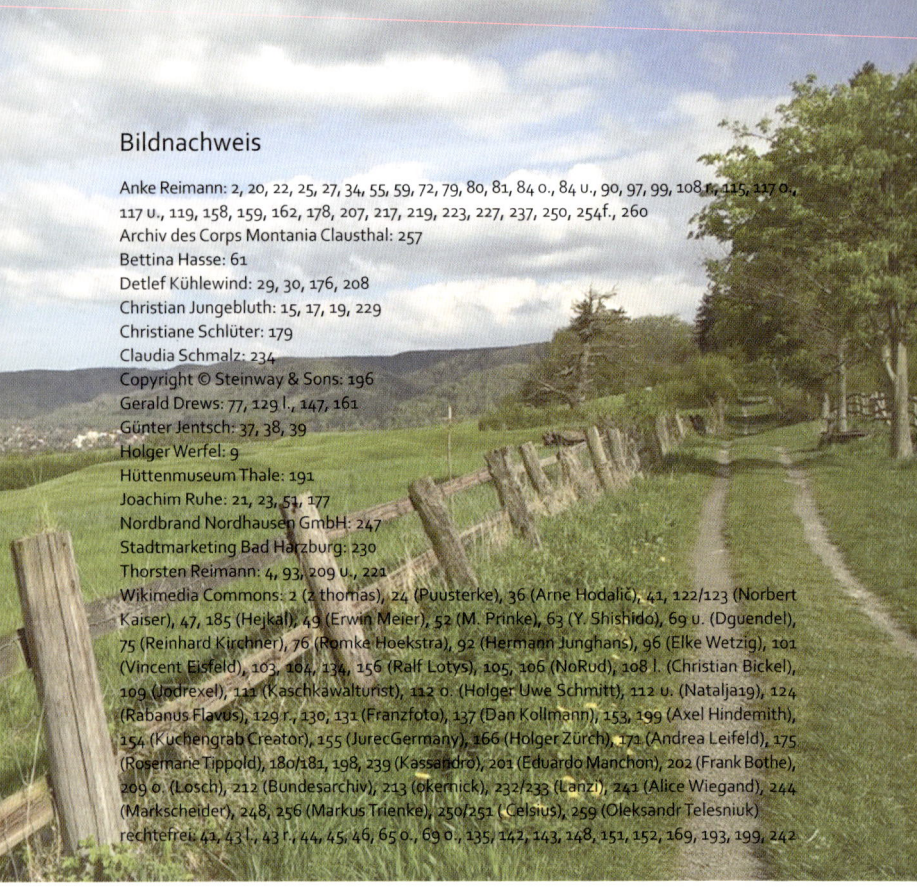

Bildnachweis

Anke Reimann: 2, 20, 22, 25, 27, 34, 55, 59, 72, 79, 80, 81, 84 o., 90, 97, 99, 108 r., 115, 117 o., 117 u., 119, 158, 159, 162, 178, 207, 217, 219, 223, 227, 237, 250, 254f., 260
Archiv des Corps Montania Clausthal: 257
Bettina Hasse: 61
Detlef Kühlewind: 29, 30, 176, 208
Christian Jungebluth: 15, 17, 19, 229
Christiane Schlüter: 179
Claudia Schmalz: 234
Copyright © Steinway & Sons: 196
Gerald Drews: 77, 129 l., 147, 161
Günter Jentsch: 37, 38, 39
Holger Werfel: 9
Hüttenmuseum Thale: 191
Joachim Ruhe: 21, 23, 51, 177
Nordbrand Nordhausen GmbH: 247
Stadtmarketing Bad Harzburg: 230
Thorsten Reimann: 4, 93, 209 u., 221
Wikimedia Commons: 2 (2 thomas), 24 (Puusterke), 36 (Arne Hodalič), 41, 122/123 (Norbert Kaiser), 47, 185 (Hejkal), 49 (Erwin Meier), 52 (M. Prinke), 63 (Y. Shishido), 69 u. (Dguendel), 75 (Reinhard Kirchner), 76 (Romke Hoekstra), 92 (Hermann Junghans), 96 (Elke Wetzig), 101 (Vincent Eisfeld), 103, 104, 134, 156 (Ralf Lotys), 105, 106 (NoRud), 108 l. (Christian Bickel), 109 (Jodrexel), 111 (Kaschkawalturist), 112 o. (Holger Uwe Schmitt), 112 u. (Natalja19), 124 (Rabanus Flavus), 129 r., 130, 131 (Franzfoto), 137 (Dan Kollmann), 153, 199 (Axel Hindemith), 154 (Kuchengrab Creator), 155 (JurecGermany), 166 (Holger Zürch), 171 (Andrea Leifeld), 175 (Rosemane Tippold), 180/181, 198, 239 (Kassandro), 201 (Eduardo Manchon), 202 (Frank Bothe), 209 o. (Losch), 212 (Bundesarchiv), 213 (okernick), 232/233 (Lanzi), 241 (Alice Wiegand), 244 (Markscheider), 248, 256 (Markus Trienke), 250/251 (Celsius), 259 (Oleksandr Telesniuk)
rechtefrei 41, 43 l., 43 r., 44, 45, 46, 65 o., 69 o., 135, 142, 143, 148, 151, 152, 169, 193, 199, 242

Anke Reimann: Das ist der Harz.
Fachwerk. Dampfross. Hexenberg.
Copyright © 2017 Regionalia Verlag GmbH, Rheinbach
Alle Rechte vorbehalten

Einbandgestaltung, Lektorat, Korrektorat, Layout und Satz:
Handverlesen GbR, Bonn

Cover: Foto Vorderseite Wikimedia Commons (Maschinenjunge),
Foto Rückseite Reinhard Kirchner

Printed in Bosnia and Herzegovina

ISBN 978-3-95540-233-4

www.regionalia-verlag.de

Inhalt

Dank

Für Thorsten Reimann, der dieses Buch ermöglicht hat:

Ihm danke ich und allen, die mir bei der Arbeit an diesem Buch mit Informationen, Bildern und ihren persönlichen Erinnerungen und Eindrücken geholfen haben: Antje Arnold, Olaf Bewersdorf (Stadtmarketing Bad Harzburg), Iris Brembt-Liesenberg, Frau Brummer (Mönchehaus Museum Goslar), Axel Dietsch, Gerald Drews, Frau Faust (Harzer Tourismusverband), Herrn Feuerstack (Harzer Baumkuchen Wernigerode), Astrid Glötzer, Bettina Hasse, Christian Jungebluth, Bettina Köhlert, Ortrud Krause (Museumsleiterin HöhlenErlebnisZentrum Iberger Tropfsteinhöhle), Corina Kroh, Detlef Kühlewind, Andrea Leifeld, Dirk Lübker, Jochen Müller, Dirk Musold, Heide Radü, Dagmar Reimann, Ekkehard Reimann, Eva-Christin Ronkainen, Joachim Ruhe, Erhard Schlennstedt, Christiane Schlüter, Claudia Schmalz, Christian Schönfelder, Ute Tichatschke (Leiterin Hüttenmuseum Thale), Rosemarie Tippold, Holger Werfel.

Anke Reimann

Zur Einleitung

Mein persönlicher Harz

Sangerhausen

Dieses Harzbuch fängt mit Sangerhausen an, obwohl das nicht gerade naheliegend ist. Die Straßen dort gehen zwar bergauf und bergab, aber ein richtiges Mittelgebirge ist nicht zu finden. Und dennoch gehört diese Kleinstadt zum Harz, obwohl ich das lange Zeit gar nicht wusste. Meine Großeltern lebten dort. Sie nannten das Gebiet »Vorharz«. Meine erste Begegnung mit dem Harz beginnt also zu Füßen von dessen sanfter, sonniger, südöstlicher Seite, weitab vom Brocken zu einer Zeit, als dieser noch ein militärisches Sperrgebiet war, unzugänglich, fern, entrückt. Sie beginnt im Sangerhausen der 1970er und 1980er Jahre.

Wir fuhren von Leipzig aus mit dem Zug, die Großeltern besuchen. Der große Aufreger kam für mich jedes Mal auf der Strecke bei Blankenheim, dort fuhr der Zug in einen langen Tunnel ein. Heute gehen dann in den Abteilen automatisch die Lichter an. Doch damals tauchten wir in eine große schwarze, absolut undurchschaubare Finsternis. Eine oder zwei Minuten mag es gedauert haben, bis der erste sanfte Lichtschimmer des Tunnelausgangs wieder durch die Fenster drang. Es kann auch mehr oder weniger Zeit gewesen sein, das einzuschätzen fällt mir heute schwer, doch dieser Tunnel war das schwarze Wurmloch zu einer anderen Welt. Mit weit aufgerissenen Augen starrte ich als fünfjähriges Kind ins lichtlose, schwere Nichts, spürte die Eltern neben mir, das Rumpeln der Räder, das Schwanken der Waggons. Zuverlässig trugen diese uns stets durch den Berg bis hin zum Licht am Ende des Tunnels. Und auf der anderen Seite schien das Gras etwas grüner zu sein. Auf der weiten, hügeligen Ebene erschienen nun die berghohen Spitzkegelhalden, die Sangerhausen so wie auch Eisleben umgaben und mit ihren Silhouetten das gesamte Mansfelder Land noch heute prägen. Es waren die Abraumhalden der Bergbaubetriebe.

Die Spitzkegelhalde »Hohe Linde« ragt hoch vor dem Stadtzentrum Sangerhausens auf.

Mein Opa war Bergmann wie viele andere Sangerhäuser auch. Er fuhr jeden Wochentag »in den Schacht«. Hunderte Meter tief im Boden lagerte Kupferschiefer. Gesteinsschlacken aus der Tiefe fanden sich als blauschwarz schimmernder scharfkantiger Kies auf Hinterhöfen und Wegesrändern der Stadt wieder.

Bergbau ist der zentrale Kern der Harzer Besiedlungsgeschichte.

Der Thomas-Müntzer-Schacht in Sangerhausen allerdings war sehr jung. Er wurde erst im Jahr 1951 errichtet. Das Flüsschen Wipper, das im nahen Gebirge fließt, wurde für den Bergbaubetrieb gestaut und aus dem mittelalterlichen Sangerhausen wurde eine Bergarbeiterstadt. Neubausiedlungen entstanden. Noch war der Plattenbau nicht erfunden, und die neuen Häuser standen mit schneeweißen Wänden, blauen Balkons und rot gedeckten Dächern sehr hübsch anzusehen auf der grünen Wiese.

Opa fuhr also täglich in den Thomas-Müntzer-Schacht ein. Als gelernter Tischler sorgte er im Schacht für die Abstützung der neuen Gänge. Es war eine gefährliche Arbeit, denn er musste sich dafür in ungesichertes Terrain wagen, um dort für Sicherheit zu sorgen. Tiefer und tiefer gruben die Bergleute, bis zu 800, 900 Meter tief, in die Erde hinein. Gleichzeitig entstand im Vorland ein neuer Berg – die riesengroße graue Abraumhalde für das nicht nutzbare Gestein aus dem Bergbau. Diese Halde wuchs in wenigen Jahren 145 Meter hoch in den Himmel, ein Berg aus 20 Millionen Tonnen Gesteinsschutt. Diese nagelneue, sandburgförmige riesige Spitzkegelhalde samt Förderturm und Förderband war mein Wegzeichen auf der Fahrt zu Oma und Opa. Die Frage »Wann sind wir da?« erübrigte sich.

Heute sind Förderturm und Förderband verschwunden, ebenso die Seilbahn, die die Loren zur Halde transportierte. Nur die Halde selbst ist noch da. Sie hat die Form einer schottergrauen Riesensandburg im grünen Land. »Hohe Linde« heißt sie. Betreten ist verboten, doch zweimal im Jahr darf sie offiziell unter fachmännischer Aufsicht des Vereins Mansfelder Bergarbeiter Sangerhausen e. V., begleitet von der Musik einer kleinen Blaskapelle, erklettert werden.

Braunesumpf / Hüttenrode

Ein großer Teil des nördlich gelegenen Ostharzes erschloss sich mir in den Folgejahren als Teilzeitbewohnerin. Ich hatte mich in meinem Wohnort Leipzig für eine »Berufsausbildung mit Abitur« entschieden, so wie sich dieses Angebot in der DDR nannte. Mitten im Wald auf einem Berg, am Rand der Serpentinenstraße, die von Blankenburg nach Hüttenrode führt, gab es damals eine Berufsschule für die Ausbildung zum »Facharbeiter für Elektronische Datenverarbeitung«, in der auch Abiturjahrgänge unterrichtet wurden. Hier trafen sich Schüler aus Suhl, Halle, Leipzig und Magdeburg – den Städten, deren Datenverarbeitungszentren ihre Ausbildung an diesem Ort konzentrierten.

Das Schulgelände lag auf einem schmalen Streifen zwischen der Landstraße B 27 und der Bahnstrecke von Blankenburg nach Rübeland. Rundherum gab es nichts weiter als Berge und Wald. Der nächste Ort war Hüttenrode, er lag etwa 2 Kilometer entfernt. Auf einem Schild an einem alten, grauen Betriebsgebäude stand: »Betriebsberufsschule ›Reinhold Julius‹ des VEB DVZ Magdeburg«. Ein hoher Industrieschornstein ragte mitten auf dem Schulgelände auf. Er gehörte zum Heizhaus, das Schule und Wohnheim mehr oder weniger gut mit Wärme versorgte. Andere Schulen der DDR mochten in ehemaligen Schlössern und Villen untergebracht sein, diese hier war einst ein Bergwerk gewesen, in dem Eisen gefördert wurde. »Braunesumpf« nannte sich dieser Ort aufgrund der rostbraunen Färbung des eisenhaltigen Gesteins. Die verlassenen, verfallenen Stollen waren mit eisernen Gittern verschlossen. Ein seltsamer Dammweg führte von der Schule zum Wohnheimgebäude. Links und rechts fiel das Gelände steil ab. Einige verlassene Schuppen lagen auf unwegsamem Gebiet unterhalb des Wohnheims. Unser Schulsportplatz war eine längliche Kuhle zwischen Bahndamm und aufsteigendem Gelände. Dies alles stand etwa zwanzig Jahre lang nahezu unverändert (bis auf den bröckelnden Putz) und wirkte so wenig einladend, dass dies nur eines bedeuten konnte: Die Schulzeit hier würde einzigartig, verrückt und abenteuerlich sein. Und so war es dann auch.

Wir Schüler hatten wirklich eine schöne Zeit im Harz. Wir zählten Schafe und Kirschbäume in Wienrode. Ritzten unsere Namen in die Felsen der Burgruine Regenstein. Wir badeten im Blauen See zwischen Hüttenrode und Rübeland, obwohl es verboten war, zum Pizzaessen trampten wir nach Wernigerode (damals einer der wenigen Orte, wo es überhaupt Pizza gab), wir erlebten Auftritte des Liedermachers Gerhard Schöne im großen Saal von Kloster Michaelstein und nahmen dort mit dem Schul-Singeclub selbst Lieder auf Magnetband auf. Manchmal stiefelten wir von Braunesumpf aus über verlassene Bergbau-Schienenstränge quer durch den Wald zur Wilhelm-Raabe-Warte, einem Turm auf dem Eichenberg, 1896 zu Ehren von Kaiser Wilhelm II. errichtet, 1950 nach dem Schriftsteller Wilhelm Raabe umbenannt, hier gab es auch eine Ausflugsgaststätte, die jedoch in schöner Regelmäßigkeit gerade dann geschlossen hatte, wenn wir kamen.

In den Ferien zelteten wir in Elbingerode, besuchten Freunde in Ilsenburg, wagten uns nicht nach Elend und Sorge, denn dort begannen bereits die Sperrgebiete, die sich schon ein ganzes Stück vor der Grenze erstreckten, dort war unser Harz damals zu Ende.

Im Juli 1989 endete meine Schulzeit. Ich kehrte nach Leipzig zurück und landete mitten in den Montagsdemonstrationen, mitten im größten politischen, gesellschaftlichen Umbruch, den meine Generation erlebt hat. Der Harz war besonders davon berührt, denn die Grenze hatte ja mitten hindurchgeführt und nun öffnete sie sich zwischen Ellrich und Walkenried, Hohegeiß und Benneckenstein, Schierke und Braunlage, Torfhaus und Brocken, Eckertal und Stapelburg, Lochtum und Abbenrode!

Goslar / Bad Harzburg

Ich wollte zu diesem Zeitpunkt weg aus Leipzig. Einer der Gründe war der Smog in der Stadt, 1990 war er besonders schlimm. Die folgenden Jahre würden die Rettung für die angeschlagene östliche Umwelt sein, doch ich wollte nicht warten, bis es soweit war und bewarb mich blind an Orten mit möglichst krummen Postleitzahlen, was auf kleine Städte und mehr Wald und Wiesen schließen ließ. Goslar antwortete. Ich durfte als Praktikantin bei der Goslarschen Zeitung anfangen. Ich freute mich, denn ich wusste nicht, dass »Praktika« im Westen üblich und vor allem unbezahlt waren. Ich zog also mit meinem Freund nach Goslar. Der Anfang dort war eine Katastrophe, vor allem finanziell. Die Mietkosten für unsere 50-Quadratmeter-Wohnung waren mit 800 Mark horrend hoch, die Bezahlung unserer Arbeit dagegen lächerlich gering. Wir dachten, wir müssten bald unter der Brücke schlafen. Doch alles fügte sich nach und nach, die Bezahlung unserer Jobs wurde bald besser, mein Praktikum wurde zu einem Volontariat und ich lernte als Journalistin den westlichen Nordharz aus vielerlei Perspektiven kennen.

Wir zogen nach Bad Harzburg und wurden dort in den vielen Jahren so heimisch, wie wir es uns vorher nicht vorstellen konnten. Unser Kind wuchs dort auf. Und auch, wenn uns unsere eigene Abenteuerlust jetzt an den Rand von Potsdam / Berlin getrieben hat, so ist uns der Harz – Ost und West gleichermaßen – zur Heimat geworden, die wir häufig besuchen, wo unsere Freunde leben und wohin wir vielleicht irgendwann zurückkehren werden.

Ich habe neulich beim Joggen in den Wäldern rund um Stuttgart einen Ort entdeckt, der für mich jetzt meine Harz-Oase ist, ein Sehnsuchtsort: ein kleiner Wald-Bach, schattig, plätschernd, kaum begangen. Ist doch verrückt, wie einen Kindheitserinnerungen an die heimatliche Natur prägen.

Christian Schönfelder, Stuttgart

Kopfstand mit Überschlag – ein Gebirge turnt sich nach oben

Die klassische Quadratmeile der Geologie

Wenn ich mit meiner Familie an Ost- oder Nordsee im Urlaub war, suchte ich am Strand nach versteinerten Muscheln. Doch ich fand nur die üblichen Mies- und Herzmuschelschalen, viele durchlöcherte Hühnergötter und einen kleinen Donnerkeil. Meine erste und einzige versteinerte Muschel fand ich schließlich 300 000 Meter vom Strand entfernt: in etwa 450 Meter Höhe, auf dem Gipfel des Herzberges bei Goslar im Harz.

»Harz« – mittelalterlich »Hardt« genannt, heißt »Bergwald«. Das gerade mal 100 Kilometer lange und 40 Kilometer breite Gebirglein hält drei Bundesländer an ihren Zipfeln zusammen: Niedersachsen, Sachsen-Anhalt und Thüringen. Wir finden es auf der Deutschlandkarte ganz zentral gelegen, mit Seesen als westlichstem Punkt, Eisleben als östlichstem. Goslar, Wernigerode und Quedlinburg markieren den Norden, Osterode, Nordhausen, Sangerhausen und das Kyffhäusergebirge den Süden.

Mit 1 141,2 Metern Höhe ist der Brocken der höchste Berg des Harzes und auch der einzige »Tausender«. Um es so weit nördlich zu solcher Höhe zu bringen, hat sich der Harz einst sehr anstrengen müssen. Und um die Spur jener versteinerten Muschel zu verfolgen, müssen wir bis weit in die Vergangenheit hinein forschen. Aber es kommt Hilfe von unerwarteter Seite: Der Teufel, der sich im Harz seit jeher sehr heimisch fühlt, hat den Harz zu den Umständen seiner Geburt befragt. Das Frage-Antwort-Spiel zog sich über einige Jahre hin, denn so ein Gebirge ist nicht das Schnellste in solchen Dingen. Hier lesen Sie das Interview in voller Länge:

Teufel: Ich muss mal mit dir reden.
Harz: Ich bin ein hohes Gebirge, ich rede nicht.
Teufel: Du bist ein MITTELgebirge, bitteschön.

Harz: Das Wort »mittel« sagt nichts über den Charakter aus.

Teufel: Nein, denn Du bist eine in deiner Vielfaltigkeit einmalige Bruchschollenschönheit: pultförmig, sanft ansteigend von Süden her und steil abfallend im Westen und Nordosten. Und mit mir wirst du wohl reden, schließlich sorge ich seit Jahrhunderten für dein Image und kümmere mich darum, dass man sich Geschichten über dich erzählt. Und ich hocke mitunter immer noch gerne auf Deiner jahrmillionenalten Glatze.

Harz: So nennst du meinen höchsten Gipfel?

Teufel: Siehst du, und schon reden wir! Die kahle Brockenkuppe ist die Krone deines Kopfes und dein übriger Körper

Der Blick vom Brockengipfel bietet mit Glück und klarer Luft eine herrliche Vogelperspektive.

ein ovaler, grüner Klecks auf Google Earth. Kannst du dich noch an deine Geburt erinnern?

Harz: Wirst du etwa frech?

Teufel: Ich, nein, niemals! Wie war das mit deiner Geburt? Wie ich gehört habe, wurdest du einige Male angehoben und wieder abgetragen, dann gesenkt und ... ich musste ja ein bisschen lachen ... mehrmals überflutet, bevor du groß herauskommen konntest.[1]

Harz: Ich wurde am Äquator gezeugt, und das ist gar nicht so lange her, gerade einmal 450 Millionen Jahre. In einem wilden Strudel drehten sich die drei Urkontinente Gondwana, Avalonia und Baltica um den vierten, um Laurentia.

Teufel: In einem »wilden Strudel«?

Harz: Was sind denn schon 150, 200 Millionen Jahre? Dagegen ist ein Meter eine gewaltige Strecke! Es gab schon am Anfang dieser Zeit Kollisionen und Emporfaltungen, da schwamm ich noch selig im Meer und wandelte kalkiges Sediment in ordentlichen Felsen um. Bei der nächsten Emporfaltung 100 Millionen Jahre später war mein Moment gekommen, ich gehörte zu einer langen Gebirgskette, die sich von den südlichen Appalachen über Südengland bis zum Ural erstreckte. Doch damals hingen wir allesamt noch in Äquatornähe herum.

Teufel: Wie Jugendliche an einer Bushaltestelle.

Harz: Wir waren stark, ich bestand hauptsächlich aus Granit, das was du heute Brocken-, Oker-Ramberg-Granit und Harzburger Gabbro nennst! Es war nahezu unzerstörbares Gestein.

Teufel: Nahezu, bis das Dynamit erfunden wurde und der Straßenbau begann.

Harz: Was soll das sein, eine Straße? Wahrscheinlich irgendetwas ganz winzig Kleines.

Teufel: Bleiben wir mal in der Vergangenheit. Vor 222 Millio-

---

1   Die erwähnten Fakten zur erdgeschichtlichen Entwicklung des Harzes hat der Goslarer Dirk Lübker auf seiner Internetseite www.harzseite.de zusammengetragen. Mich begeistert die Vorstellung des Gebirges auf Wanderschaft.

nen Jahren wurdest du plötzlich wieder ganz flach, fast eine Senke!

Harz: Jeder braucht einmal eine Auszeit. Das Bad im flachen Zechsteinmeer des Perm und Trias hat mir gutgetan. Ich nutzte die Zeit, um Salz, Muscheln, Mergel und Ton zu sammeln. Oh, und es war heiß damals, wüstenheiß, mein neuer Gesteinsmantel wurde zu einem wunderschönen Rot gebrannt. Das war damals sehr schick.

Teufel: Aber dann hielt Dich nichts mehr in Äquatorialnähe? Du wolltest raus, in die Welt, nicht wahr?

Harz: Richtig, ich ging auf Wanderschaft. Wir Gebirge und Senken drehten uns nicht mehr ganz so schnell um eine Achse, sondern wanderten nach Norden, gelangten schließlich in die mittleren Breiten. Unterwegs trennten sich unsere Wege. Nordamerika z. B. trennte sich von Gondwana, andere Kontinentalplatten schlossen auf, der Riesenkontinent Pangäa entstand. Ich war immer dabei und ließ mich schließlich genau hier nieder, denn das Nördliche steht mir gut.

Zwischen Bad Harzburg und Oker befindet sich ein alter Steinbruch, hier wurden Saurierknochen gefunden, zudem sind auf dem Bild die überkippenden Gesteinsschichten gut zu erkennen.

Teufel: Und dann standest du in der Kreide.

Harz: Die Kreidezeit war toll! Vor 100 Millionen Jahren war das. Die afrikanische Kontinentalplatte drückte auf die Eurasische Platte und begann die Alpen und auch mich aufzufalten, es war ein ziemliches Kuddelmuddel, bei dem ich stellenweise Kopf stand.

Teufel: Spannungskopfschmerzen?

Harz: Oh ja, du weißt, wovon ich spreche, nicht wahr? Immerhin trug dies dazu bei, mich interessanter zu präsentieren. Ich bekam die Chance, meine verborgenen Tiefen zu zeigen.

Teufel: Leider wurdest du noch einmal beinahe gänzlich abgetragen.

Harz: Ja, die Kreidezeit kam auch mit ihrem großen Kreidemeer. Also sammelte ich noch einmal Muscheln. Kichere nicht herum! Ich mag Muscheln, habe sie sozusagen in mein Herz geschlossen. Man muss schließlich immer das Beste aus seiner Situation machen.

Teufel: Es sah aber erst gar nicht gut aus. Zum Beginn des Tertiärs vor 55 Millionen Jahren ragten nur noch einzelne Bergkuppen – wie Brocken, Ramberg und Auerberg – aus der Ebene heraus.

Harz: Aber dann, dann stand ich auf. Ich erhob mich mehrere Hundert Meter hoch, denn ich hatte doch einiges vorzuweisen, die Goldene Aue zu meinen Füßen zurücklassend, den harten Granit himmelhoch schiebend vollzog sich nunmehr der krönende Abschluss meiner Geburt. Ich legte mir bald auch so einen hübschen grünen Mantel aus jungen Buchen und Fichten zu, denn dies war der neueste Schrei in der Gebirgswelt. Und hier bin ich nun, so wie du mich kennengelernt hast.

Teufel: Das war eine ziemlich lange Geburt, würde ich sagen.

Harz: Ach, die paar Jahre, wirklich, sie sind kaum der Rede wert.

Teufel: Na, wenn du das so siehst, dann müssen wir das, was nun folgt, in Zeitlupe betrachten, ansonsten würde sich die Geschichte deiner Besiedlung für dich wie eine Sekunde Menschenleben anfühlen. Und das fände ich irgendwie schade, immerhin solltest du meine Arbeit als Imagepfleger

auch zu schätzen wissen. Es werden
Bücher über dich geschrieben und ein
jedes Buch ist größer als die Zahl seiner
Seiten.

*Die Brockenbahn – ein
Dampfzug der Harzer
Schmalspurbahnen auf dem
Weg zur Brockenkuppe.*

Harz: Dann sag mir doch, was mich seit
einem Augenblick immerzu am Kopf krabbelt.

Teufel: Das ist die Brockenbahn, mein Wertester. Eine Reihe
Waggons, gezogen von einer Lokomotive aus Eisen, Wasser
und Kohle, diese Elemente wirst du ja kennen, du hast sie
selbst mitentwickelt.

Harz: Ja, manchmal ahnt man die Folgen seines Handelns
nicht voraus.

Teufel: Das ist ja gerade das Spannende. Ich danke dir für
dieses Interview.

Harz: Mir raucht der Kopf.

Teufel: Das ist die Brockenbahn.
Harz: Ach so.
Teufel: Ich muss los, tschüss Alter!
Harz: Immer in Eile, der Junge.

Der Harz ist ein in Deutschland einzigartiges Geotop – ein Ort der steinernen Vielfalt, denn er ist im Laufe seiner Geburt stark gefaltet worden, somit lagern nun auf kleinstem Raum uralte und neuere Gesteinsschichten dicht beieinander und lassen die Herzen der Geologen höherschlagen. Sie nennen den nordwestlichen Harzrand und inzwischen auch andere Gebiete des Harzes »Klassische Quadratmeile der Geologie«.

Wollsackverwitterung

Zu den Kästeklippen gehört »Der Alte vom Berge«, ein Felsen, der deutlich das Profil eines betenden alten Mannes zeigt. Da sage noch einer, die Natur sei ohne Witz!

Wer die Steinbrüche betrachtet oder in die Höhlen des Harzes hinabsteigt, begibt sich auf die Spuren der Jahrmillionen bis hin zu des Harzes Ursprung.

Wer an einer Führung durch die Iberger Tropfsteinhöhle teilnimmt, wird die

Kalkablagerungen einer einstigen Rifflagune durchschreiten.

Wer sich für den geologischen Prozess der Wollsackverwitterung interessiert, wird im Harz eigenartig geformte Felsen ent-

Einige der Felsformationen sind durch Wollsackverwitterung entstanden – z. B. die Kästeklippen hoch über dem Okertal.

decken, die unsere Vorfahren entfernt an übereinandergestapelte Wollsäcke erinnerten, jedoch sind jene Gesteinsformationen manchmal geradezu skurril und zudem turmhoch gestapelt ... wie z. B. die »Kästeklippen« und die »Mausefalle«, die oberhalb des Okertals aufragen, oder die »Teufelsmühle« auf dem Ramberg und die »Schnarcherklippen« bei Schierke.

Die Rabenklippen sind ein toller Ort, der so viel Schönes vom Harz zeigt. Die schroffen Felsen vor dem Berg der Harzer und der deutschen Teilung, der so viele Geschichten zu erzählen hat.

Eva-Christin Ronkainen, Bad Harzburg

Die Rabenklippen bieten eine Aussichtsplattform und einen weiten Blick zum Brocken.

Die Schnarcherklippen ragen zwischen Elend und Schierke auf. In ihnen ist so viel Magnetit enthalten, dass sie die Kompassnadel ablenken. Weiterhin bläst der Wind auf diesen Steinen mitunter eine eigentümliche Melodie, womit die Klippen zu ihrem lautgebenden Namen kamen.

Das Größte am Harz aber sind seine Berge:

Brocken und Achtermann

Der Brocken ist mit 1 141,2 Meter der höchste Berg Nord-deutschlands und weil er so weit nördlich liegt, herrscht auf seinem Gipfel ein Klima, wie dies in den Alpen normalerweise in Höhen von 1 800 bis 2 500 Metern üblich ist. Es ist der einzige deutsche Mittelgebirgsgipfel mit natürlicher Waldgrenze – kahl, von Heidekraut und seltenen, nur hier vorkommenden Pflanzen bewachsen. Seit der Eiszeit trägt er schon diesen Look. Das Brockengestein ist uralt, aus den Tiefen des Meeres gestiegen, es wurde zum Teil freigelegt und erschien – ebenfalls absolut wollsackverwittert –

Die Blockhalden des Brockens stehen unter besonderem Schutz.

als Klippen an der Oberfläche der Bergkuppe, die im Laufe vieler weiterer Jahrhunderte zu Blockhalden zerfielen. Hier wachsen nun seltene Moose und Bärlappe und die Blockfelder sind als »Nationaler Geotop« geschützt und dürfen nicht betreten werden.

> Der Brocken ist so vielseitig: mal orkangepeitscht bei minus 20 Grad, mal windstill und sonnenwarm bei 25 Grad schon morgens um 8 Uhr. Der Brocken bedeutet Abenteuer zu jeder Jahres- und Tageszeit.
>
> Bettina Hasse, Bad Harzburg

Eine Blockhalde, die erklettert werden darf, ist auf der Kuppe des benachbarten 925 Meter hohen Berges Achtermann zu

Auf der Kuppe des Achter-manns.

finden. Auch dieser Berg hat durch den gigantischen Stein-
haufen auf seinem Haupt ein ungewöhnliches Aussehen. Die
Aussicht ist grandios, die Atmosphäre entspannt, überall auf
den Felsenblöcken sitzen oder stehen Leute, picknicken oder
betrachten das Rundumpanorama. Kinder klettern begeistert
plappernd zwischen den Steinen herum. Und der Himmel
über ihren Köpfen ist endlos.

> Der Harz bedeutet für mich Kindheit mit schönen Erinne-
> rungen. Eine atemberaubende Landschaft mit tollen Wande-
> rungen, Sport und Skilanglauf, Biathlon und Kultur oder Un-
> ter Tage oder im Bergtheater. Einfach vor die Haustür gehen
> und mitten in der Natur sein, ist einfach ein wunderbares Ge-
> fühl. Toll ist auch die mystische Stimmung nach einem Re-
> genguss, wenn der Nebel die Täler emporkriecht und alles
> so herrlich duftet.

Eva-Christin Ronkainen, Leiterin des
Baumwipfelpfades Bad Harzburg

Broschüren und Informationsorte

Die geologischen Besonderheiten der Region werden im
»Geopark Harz, Braunschweiger Land, Ostfalen« dokumentiert und präsentiert. Einer der Trägervereine ist der Regionalverband Harz e. V. – er hat eine Reihe von Broschüren zu den
geologischen Besonderheiten und Sehenswürdigkeiten her-
ausgegeben.

Der Laie wird bei der Beschäftigung mit diesen Themen
mit völlig neuen Begriffen konfrontiert: »Wollsackverwitterung«, »steilstehende Schichtrippen«, »gefalteter proxima-
ler Flysch« und »Kulmfaltenzonen« sind nur ein paar Beispiele.

Die Teufelsmauer

Neben Felstürmen und Blockhalden schießt jedoch eine Landschaftsformation im Harz in Sachen Geologie absolut den Vogel ab: die Teufelsmauer. Gott und Teufel treffen sich dort gerne mal zu einem Schwatz.

So saßen sie wieder einmal an einem schönen, warmen Frühlingsabend auf dem höchsten Felsen der Teufelsmauer bei Weddersleben und schauten auf die blühenden Rapsfelder um das Dörfchen Warnstedt hinab. Die beiden tranken ein Tässchen Earl Grey und plauderten über dies und das.

»Was ist das doch für ein herrlicher Ort«, sagte Gott, »ich kann mich gar nicht daran erinnern, ihn erschaffen zu haben.«

»So etwas entsteht, wenn ein Gebirge versucht, Kopfstand zu machen«, antwortete der Teufel. »Weißt du, Gott, Harz ist ein sehr eigenwilliges Gebirge, er ist vom Äquator bis hierher gewandert, mal platt wie eine Flunder, und dann auf einmal wieder himmelhochjauchzend, naja und der versuchte Kopfstand war ja wohl der Gipfel des Ganzen. Ich

Die Teufelsmauer bei Weddersleben – von Weitem.

sage nur: steil gestellte, überkippende Gesteinsschichten²! Und alles, was unten war, ragt nun nach oben. Dazu ein wenig Erosion und Wasserwerk. Es war der reinste Schichtrippenschlamassel.«

»Aber es ist wunderschön, so wie es ist«, sagte Gott.

»Ja«, grummelte der Teufel, »aber die Leute reden.«

»Was reden sie denn?«, wollte Gott wissen.

»Sie erzählen sich, du und ich hätten um Land gewettet«, erwiderte der Teufel, »du habest gesagt, wenn ich im Verlauf nur einer Nacht eine Mauer um den ganzen Harz bauen könnte, dann würde der Harz mir gehören.«

»Hab ich das gesagt?«

»Natürlich nicht, du wolltest nicht, dass ich deine schöne Landschaft kaputt mache.«

»Es wäre auch unmöglich, in nur einer Nacht eine so große Mauer zu bauen«, sagte Gott, »Und es wäre auch nicht besonders hübsch und noch weniger nützlich.«

»Jaaaa, naja, ich habe es trotzdem versucht. Das mit der Mauer in nur einer Nacht«, gestand plötzlich der Teufel ein.

»Aber warum, wir hatten doch gar nicht gewettet?«, wunderte sich Gott.

»Ach, es war nur so zum Spaß. Ich wollte wissen, ob ich es hinbekomme, und ich hätte es auch geschafft, wenn nicht bei Cattenstedt dieser blöde Hahn von dieser stolpernden Marktfrau aus dem Korb geworfen worden wäre und noch vor Morgengrauen sein blödes Kikeriki herausgeschrien hätte! Da dachte ich, die Nacht sei vorbei und bin ein kleines bisschen wütend geworden und habe die ganze Mauer wieder eingerissen«, plapperte der Teufel. »Und darum sieht sie nämlich heute so aus, wie sie aussieht und heißt auch: die Teufelsmauer.«

»Ach, von der Geschichte weiß ich ja gar nichts!«, sagte Gott.

»Sie war unumgänglich«, dozierte der Teufel, »wie sollten die Leute ohne solch eine Geschichte mit dem Rätsel um diese 20 Meter hohen Felsen mitten in ihrer Landschaft

---

2   Gemeint ist die Harznordrandverwerfung.

leben? Es hätte sie doch verrückt gemacht. An den Teufel zu glauben, war
damals einfacher als an den schicht-
rippenkippenden Purzelbaumversuch
eines ganzen Gebirges.«

Die Teufelsmauer kann den
Betrachter schon einmal
sprachlos machen vor Staunen, wie auf diesem und dem
nächsten Bild.

»Die Welt ist doch voller Wunder«,
sagte Gott.

»Du hast leicht reden, du musst nicht für all diese Geschichten sorgen, damit deine guten Wunder auch einen guten Namen bekommen. Das ist nämlich ernsthafte Marke-
tingarbeit, die ich da leiste. Aber das sieht natürlich keiner.«

»Mein Lieber, du hast dir diese Pause und den herrlichen
Tee hier wirklich verdient«, sagte Gott begütigend und ließ
den Raps noch ein wenig gelber und heller leuchten vor dem
dunklen Blau des abendlichen Himmels, den er mit weißen
Wölkchen betupfte, die von der Abendsonne schließlich einen orangefarbenen Schimmer bekamen, wie auch die na-

29

hen Dächer Warnstedts und die fernen Türme von Quedlin-burg. Von der hohen Klippe aus blickten sie wie die Vögel über das Land, den dunkelgrünen Harz im Rücken, den hohen Himmel über sich und weit unten das leuchtende Land. Ein unglaublicher, beinahe unwirklich scheinender, wunderschö-ner Ort ist dies.

Steckbrief Teufelsmauer

- *Länge: 20 Kilometer*
- *Verlauf: nördliches Harzvorland, von Ballenstedt über Rieder und Weddersleben bis nach Blankenburg*
- *Besonderheiten:*
  - ▸ *Eines der ältesten Naturschutzgebiete Deutschlands. Um den Raubbau des begehrten Bausandsteins zu unterbinden, wurde die Teufelsmauer bei Weddersleben schon 1833 unter Schutz gestellt.*
  - ▸ *Ausgezeichnetes nationales Geotop.*
  - ▸ *Ungewöhnlicher Bewuchs mit seltenen Pflanzen wie dem Berg-Sandglöckchen, blauem Feld-Enzian, dem gelbblühenden schmetterlingsblütigen Behaarten Ginster, Silbergras und Sandthymian.*
  - ▸ *Gedenktafel am Löbbecke-Felsen – sie ist Carl Löbbecke (1809–1869) gewidmet, der von 1850 an zehn Jahre lang Bürgermeister von Blankenburg war. Er sorgte dafür, dass die Teufelsmauer besser touristisch erschlossen wurde, indem er z. B. den Kammweg auf den Felsklippen anlegen ließ. Dieser Weg bei Blankenburg heißt darum auch »Löbbeckestieg«. Er ist Teil des 35 Kilometer langen Teufelsmauerstiegs, der von Ballenstedt bis nach Blankenburg an allen Felsformationen der Teufelsmauer entlangführt.*
- *Einzelne Felsenklippen:*
  - ▸ *»Gegensteine«: der Laute und der Stumme (Ballenstedt)*
  - ▸ *»Dicker Stein« (Rieder)*
  - ▸ *»Mittelstein« und »Königsstein« mit Durchfluss der Bode sowie der »Papenstein« (Neinstedt, Weddersleben, Warnstedt)*
  - ▸ *»Hamburger Wappen«, »Gewittergrotte«, »Froschfelsen«, »Löbbecke-Felsen«, »Großvaterfelsen« und »Großmutterfelsen« (Timmenrode, Blankenburg)*

◂ *Teufelsmauer, blühende Rapsfelder, ein Blick über Warnstedt hinweg bis nach Quedlinburg.*

Zwischen Ballenstedt und Quedlinburg liegen auf einer Anhöhe zwei isoliert stehende Sandsteinfelsen, die Gegensteine genannt. Vermutlich heißen sie deswegen so, weil sie seitwärts gegeneinander liegen. Der eine, der etwas niedriger als der andere liegt, gibt, wenn man gegen seine Mittagsseite spricht, jeden Ton, jedes Wort im Echo zurück, und heißt daher ›der Laute‹. Der andere besitzt diese Eigenschaft nicht, und man nennt ihn ›den Stummen‹.

Friedrich Gottschalck, *Die Sagen
und Volksmährchen der Deutschen*, Halle 1814

Tropfstein, Bärenknochen und pinselkiemige Grottenolme

Naturhöhlen im Harz, Fundort
der ältesten Familie der Welt

*Einmal saß der Teufel auf einem Felsen vor der Iberger Tropf-
steinhöhle und wollte sich ausschütten vor Lachen. Er hatte
eine Flasche Limonade in der Hand und die Kohlensäure darin sprudelte wie wild.*

*»Kohlensäure!«, schrie der Teufel. »Das ist es! Im Harz
blubbert auch so etwas herum! Jahaha! Der Harz hat eine
Menge Luft im Bauch. Würde er rülpsen können, gäbe es
plötzlich keine Höhlen mehr!«*

*Und dann lachte er scheußlich lange über seinen sinnlo-
sen Witz. Denn der Harz rülpst nicht und es gibt mit Gewiss-
heit noch lange Zeit eine ganze Anzahl interessanter Höhlen,
die auf natürlichem Wege entstanden sind.*

Das berühmte Höhlenfoto

Während unserer Braunesumpfer Schulzeit waren wir auch in
Rübeland. Vor allem wegen der Rübeländer Tropfsteinhöhlen.
Wir erforschten die Baumanns- und die Hermannshöhle, sahen die berühmten Grottenolme und das Skelett des Höhlenbären. Von nahezu jeder Klasse aus Braunesumpf gibt es das
berühmte Höhlen-Gruppenfoto, das vor oder nach der Höh-
lenführung immer am Ausgang oder auch am Eingang (ich
weiß es nicht mehr genau) aufgenommen und dann an alle
Höhlenbesucher verkauft wurde.

Ich war damals schwer beeindruckt von Rübeland. Noch
nie hatte ich einen derart vertikalen Ort gesehen. Ganz Rübeland quetscht sich »V«-förmig an die links und rechts von
Landstraße, Bahnstrecke und Bodefluss steil aufragenden
Felsen. Und am Ortsausgang, Richtung Hüttenrode, befindet

sich das 30 Meter hohe und 90 Meter lange Krockstein-Viadukt, eine Eisenbahnbrücke steil über dem Dach eines an den Felsen geschmiegten Wohnhauses.

Aber berühmt wurde das kleine, steile Rübeland über die Landesgrenzen hinaus hauptsächlich durch seine beiden für den Tourismus erschlossenen Tropfsteinhöhlen: die Baumannshöhle und die Hermannshöhle. Dass

Steil türmen sich die Felsen über dem kleinen Ort Rübeland auf.

34

ein Bergmann namens Baumann die Baumannshöhle entdeckt haben soll, erwies sich als Gerücht. Die Herkunft des Namens führen Sprachforscher auf eine alte Bezeichnung der Harzer für diese Höhle zurück: »Bumannsholl« – ein finsterer Name mit gewolltem Kinderschreck-Effekt, denn die Höhle galt einst als gefährlicher Ort. Fakt ist: Schon die Steinzeitmenschen krabbelten hindurch, mit Keulen bewaffnet und in steter Furcht vor dem Höhlenbären, dessen Sinne in der Dunkelheit besser funktionierten als die ihren. Die Menschen aber waren listig, der Bär fiel ihnen zum Opfer und hinterließ sein Skelett. Sehr viel später besuchte der Dichter Johann Wolfgang von Goethe die Höhle und hinterließ seinen Namen in einem der Grottengewölbe, das nun der »Goethesaal« heißt und für Theateraufführungen mit bis zu tausend Zuschauern genutzt wird.

> Natürlich sind mir die Rübeländer Tropfsteinhöhlen im Gedächtnis geblieben, besonders deshalb, denke ich, weil ich darin eine Vorstellung von *Das kalte Herz* sah als Kind – da wären wir wieder bei der Faszination, die Märchen und Sagen ausüben können – insbesondere, wenn man sie in einer so eindrücklichen Umgebung erlebt.
>
> Antje Arnoldt, Leipzig

Die (geführte) unterirdische Wanderung führt durch die Schildkrötenschlucht und die Leuchterschlucht zu einem kleinen See und in den Goethesaal, von dort weiter am Mönchsteich entlang zum Schallloch, an der Palmengrotte vorbei zur Säulenhalle und weiter zum Bärenfriedhof, es folgen Schwemmhöhle und Wasserfall und dann ist der Ausgang erreicht. Bizarre Tropfsteine – die stehenden Stalakmiten und die hängenden Stalaktiten sowie Säulen zusammengewachsener Stalakmiten und Stalaktiten, die sich dann Stalagnaten nennen – sind in diesen Höhlen in ganzer Pracht zu sehen. Das kalkhaltige Wasser tropft noch immer von der Höhlendecke und fügt den Tropfsteinen stetig ein winziges Stück Länge hinzu. Und dies alles ist heutzutage wunderbar elektrisch illuminiert.

Wir stiegen in die versteinerte Phantasiewelt [...] Wir kletterten, ein jeder für sich mit der Lampe in der Hand die feuchten
Steigen hernieder, ringsherum und unter uns war es pech-
schwarze Finsternis, [...] die Ungewissheit wie tief es unter
uns sei, machte es grauenhafter als es war.

Hans Christian Andersen 1831 über einen
Besuch in der Baumannshöhle

Sehr viel größer als die Baumannshöhle ist die Hermannshöhle. Über einen Kilometer Strecke können Besucher in ihr
zurücklegen. Sie wurde im Jahr 1866 bei Straßenbauarbei-
ten entdeckt und nach ihrem ersten Erforscher Hermann Grotrian benannt. Ein unterirdischer Seitenarm der Bode fließt
durch diese Höhle. Dieses Flusswasser ist der Schöpfer dieser Höhlen. Es strömt und höhlt sich durch das Kalkgestein.
Vor etwa 500 000 Jahren lag das Flussbett der Bode noch
etwa 40 Meter höher als heute. Das Wasser nutzte die Zeit,
sich immer tiefer nach unten zu graben und dabei diese Höhlen zu erschaffen. Und es ist immer noch unermüdlich bei der
Arbeit.

Die Hermannshöhle unterscheidet sich durch ihre tiefen
Schluchten, eine schimmernde Kristallkammer und einige
seltsame Bewohner von der Baumannshöhle. Hier – in einem
künstlich angelegten See – können Besucher einige der seltenen Grottenolme betrachten. Diese Tiere gibt es nirgendwo
sonst in Deutschland. Es sind ein- bis
zweifingerlange ganz und gar weiße,
nahezu augenlose Tierchen mit Pinsel-
kiemen und winzigen Beinchen, die ein
wenig seltsam am Körper sitzen. Sie
sind urzeitliche Geschöpfe, die in
unterirdischen Karstgewässern leben. Die Menschen hielten sie früher für kleine Drachen oder Lind-
würmer. Grottenolme können siebzig bis
hundert Jahre alt werden.

*Drache oder Lurch? Der
geheimnisvolle Grottenolm.*

Die Iberger Tropfsteinhöhle

Einst ein Korallenriff, heute das Innere der Iberger Tropfsteinhöhle, in blaues Licht getaucht.

Wer die Iberger Tropfsteinhöhle bei Bad Grund besucht, wandert durch ein einstiges Korallenriff der warmen Südsee südlich des Äquators. (Wir erinnern uns an das Interview mit dem Teufel, worin der Harz seine lange, strudelförmige Wanderung beschreibt, siehe S. 14ff.) Aus dem Riff wurde im Lauf der Jahrmillionen massives Gipskarstgestein.

Die Höhlenräume im Iberg entstanden (anders als bei der unterirdischen Flussarbeit in Rübeland) durch pure Verwitterung, was auch im Harz eine Besonderheit ist. Wasser dringt in die Felsen ein, trifft auf Kalk und Eisenkarbonate, das Eisen rostet und Kohlensäure entsteht, die den Kalkstein auflöst und somit die Höhlenräume im Iberg erschafft. Luftblasen im Bauch des Gebirges.

Unsere Iberger Tropfsteinhöhle ist auf weltweit äußerst seltene Weise entstanden: Verrostung, die Verwitterung von Eisenerz im Berg verstärkte die Höhlenbildung durch eine große Menge Kohlensäure. Das machte sie auch für den Bergbau so interessant.

Ortrud Krause, Museumsleitung,
HöhlenErlebnisZentrum Iberger Tropfsteinhöhle

Ein großer, kegelförmiger Stalagmit der Iberger Tropfsteinhöhle.

Bergleute auf der Suche nach Eisenvorkommen entdeckten die Höhle im 16. Jahrhundert. Besucher finden heute in der Höhle vom Eisen rostrot und von Kupfer bläulich eingefärbte Tropfsteinfiguren wie den »Zwerg Hübich« und einen versteinerten Wasserfall. Fledermäuse überwintern hier. Neben der natürlichen Höhle gruben nun die Bergleute ihre Stollen tiefer in den Berg, auf der Suche nach dem kostbaren Eisen, nach Kupfer und Silber.

Im Jahr 2008 wurde die Höhle zum modernen HöhlenErlebnisZentrum und um eine große Thematik erweitert: die bronzezeitlichen Toten aus der Lichtensteinhöhle: ein bedeutendes Highlight der Höhlenarchäologie.

Ortrud Krause, Museumsleitung,
HöhlenErlebnisZentrum Iberger Tropfsteinhöhle

Das HöhlenErlebnisZentrum Iberger Tropfsteinhöhle, zu dem auch ein modern eingerichtetes Museum gehört, zeigt eine Mineralienausstellung, informiert über den einstigen Berg-

bau im Iberg und präsentiert die Funde aus der Lichtensteinhöhle, die in der Nähe von Osterode liegt.

Diese Funde aus der für Besucher zu kleinen, zu engen und
darum gesperrten Lichtensteinhöhle sind eine Weltsensation:

Die genetisch älteste Familie der Welt

Im Museum zu sehen ist eine Rekonstruktion einer Familie,
Vater, Mutter und Kind. Sie lebten vor dreitausend Jahren –
in der Bronzezeit. Als sie starben, wur-
den sie von ihren Clanmitgliedern in der
Lichtensteinhöhle zu Grabe getragen.
Die Forscher fanden im Gipsgestein Knochen und Schädel von weiteren 60 Menschen aus der Bronzezeit sowie Ton-

*So könnten die Menschen der
Bronzezeit ausgesehen ha-
ben, ihre Gesichter wurden
nach den gefundenen Formen
der Knochen modelliert.*

scherben, Pflanzenreste, Tierknochen und Bronzeschmuck. Denn sie waren auf eine uralte Kultstätte gestoßen und stellten erfreut fest, dass sich das Erbgut dieser Menschen im stets 8° Celsius kalten, neunzigprozentig feuchten Höhlenklima ungewöhnlich gut erhalten hatte und mit Hilfe modernster Mittel der Wissenschaft und Kriminaltechnik untersuchen ließ: Mit über 120 Generationen sei dies der längste genetisch belegbare Stammbaum der Menschheitsgeschichte. Und damit nicht genug, es wurden in der Umgebung der Lichtensteinhöhle heutige Verwandte dieser Menschen gefunden.

Das Institut für Zoologie und Anthropologie der Georg-August-Universität Göttingen untersuchte die Speichelproben von etwa dreihundert Bewohnern aus dem Osteröder Sösetal, aus Förste, Dorste, Nienstedt und anderen Dörfern. Sie stellten fest, dass bei elf heutigen Menschen, die noch in der Umgebung der Lichtensteinhöhle leben, die genetischen Muster mit denen aus der Bronzezeit übereinstimmen. Sie sind also direkte Nachkommen dieser Urururur-Harzer.

Um das Staunen mit uns zu teilen, wurde im Iberger HöhlenErlebnisZentrum im »Museum am Berg« die Lichtensteinhöhle nachgebaut, ebenso die Menschen nachgestellt, wie sie einst ausgesehen haben mögen: ein Fenster in die weit, weit zurückliegende Vergangenheit dieser Region.

Die Einhornhöhle

Zwischen Bad Lauterberg und Herzberg, bei dessen Ortsteil Scharzfeld gelegen, befindet sich die Einhornhöhle. Eine große Karsthöhle, die wie die anderen großen Höhlen des Harzes nur geführt besichtigt werden kann. Sie ist geräumig und so gut ausgebaut, dass auch Rollstuhlfahrer sie besuchen können.

Anwohner hatten diese Höhle schon vor Jahrhunderten entdeckt, sie suchten nach Knochen von Einhörnern, die sie als Wundermedizin verkaufen konnten. Die Höhle lockte auch namhafte Forschende an wie den Physiker, Politiker und Erfinder Otto von Guericke (der mit den Magdeburger Halbkugeln, mit denen die Kraft des Luftdrucks bewiesen wurde, 1602–1686), den Philosophen und Mathematiker Gottfried Wilhelm Leibniz (1646–1716) und andere. Sie alle untersuchten die Knochen. Guericke und Leibniz konstruierten aus der Form solcher Knochenfunde die Idee eines Einhornskeletts auf zwei Beinen und mit einem langen Schwanz. Denn die uns heute bekannten Eiszeittiere wie z. B. das Mammut war ihnen noch nicht bekannt, so mussten sie diese riesigen Knochen mit Hilfe ihrer Vorstellungskraft sortieren. Die Zeichnung dieses wundersamen Skeletts wurde

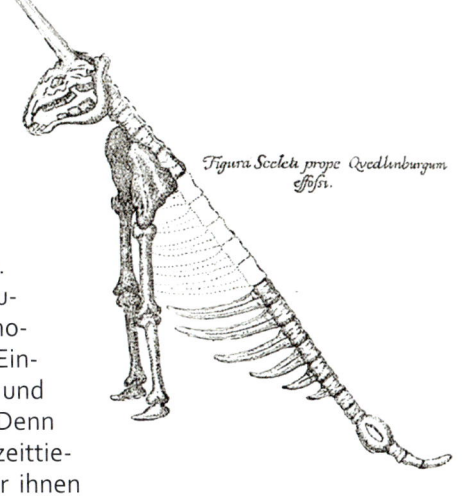

Figura Sceleti prope Quedlinburgum effossi.

▲ *Das von Gottfried Wilhelm Leibniz gezeichnete Einhorn.*
▼ *Der Eingang zur Einhornhöhle.*

sehr bekannt, regte die Phantasie der Menschen an und dient noch heute als Symbol und Wachposten für die Scharzfelder Einhornhöhle.

Erst im Jahr 1985 gelang es Wissenschaftlern mit weiteren Ausgrabungen und dem Fund von weiteren Knochen und von Steinwerkzeugen aus der Altsteinzeit, Zeugnisse der eigentlichen urzeitlichen Höhlenbewohner zu entdecken: Es waren Neandertaler, die vor über 100 000 Jahren dort siedelten und das über zehntausende Jahre lang! Zudem ergab es sich, dass jene »Einhorn«-Knochenreste zu den großen Säugetieren gehörten wie dem Mammut, den Höhlenbären, Wölfen und Höhlenlöwen.

> Die Steinkirche bei Scharzfeld ist ein besonderer Ort. Man fühlt sich, als sei man in Schottland und gar nicht im Harz.
>
> Eva-Christin Ronkainen, Bad Harzburg

Die Heimkehle

Eine der größten Gipskarsthöhlen Deutschlands ist die Heimkehle im Südharz zwischen Stolberg und Berga/Kelbra gelegen. Diese Höhle mit ihren 20 Meter hohen Hallen und den vielen unterirdischen Seen ist keine reine Naturhöhle mehr, denn sie wurde von Menschen genutzt und ausgebaut. Hier spielte sich ein finsterer Teil unserer jüngeren Geschichte ab: Die Höhle wurde im Zweiten Weltkrieg zur Rüstungsfabrik ausgebaut. Häftlinge aus dem Konzentrationslager Mittelbau-Dora mussten dort unter widrigsten Bedingungen arbeiten, einige wurden auch über Nacht in der kalten, stets feuchten Höhle eingesperrt, was keiner von ihnen lange überlebte. Ein Versuch, nach dem Krieg die Höhle samt Rüstungstechnik zu sprengen, scheiterte an deren Ausmaßen.

Seit 1956 wird die Höhle Besuchern wieder gezeigt, denn die unterirdischen Seen sind ein besonderes Naturschauspiel, das mit Lichteffekten zur Wirkung gebracht wird. Ein Bergbaumuseum und eine Mahn- und Gedenkstätte erinnern bei jeder Führung an die Geschichte der Höhle.

Die Barbarossahöhle

Um die Vorstellung der Höhlen zu vervollständigen, unternehme ich noch einen Ausflug quer durch die Goldene Aue zur kleinen Schwester des Harzes: dem harzähnlichen Kyffhäusergebirge.

Die Entdeckung der Barbarossahöhle im Kyffhäuser, bei Rottleben, 6 Kilometer von Bad Frankenhausen entfernt, ist ein Glücksfall. Als absolut von der Außenwelt abgeschlossene Blase im Anhydritgestein war die Wahrscheinlichkeit ihrer Entdeckung wirklich gering. Doch Bergleute auf der Suche nach Kupferschiefer gruben im Jahr 1865 zufällig einen Gang genau dort entlang. Sie fanden diese Höhle von beeindruckender Größe und voller Wunder. Es gibt dort ganz und gar ungewöhnliche Gesteinsformationen. Die Räume sind weitgespannt und saalartig. Hier finden sich weniger Tropfsteine, dafür jedoch Besonderheiten wie Alabasteraugen, Schlangengips und Gipslappen.

▲ Schlangengips in der Höhlenwand – der Name muss sicher nicht weiter erklärt werden.

▼ Alabasteraugen in der Barbarossahöhle.

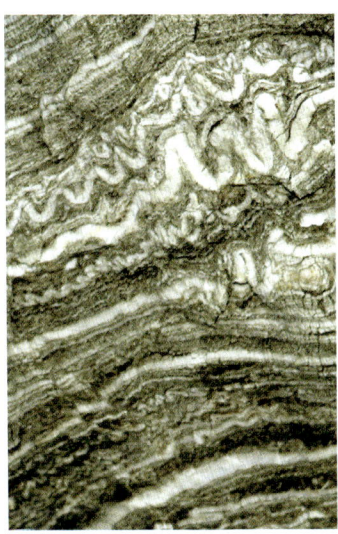

Wegen der Gipslappen, die wie Gerberfelle von der Decke hängen, wurde dieser Höhlenraum »Gerberei« genannt.

Solche Gebilde können in keiner anderen Schauhöhle der Welt besichtigt werden. Wunderschön sind die kristallklaren, blaugrün schimmernden Seen, in denen sich die bizarren Formen der Höhle spiegeln. Benannt wurde die Höhle nach dem Kaiser Barbarossa, der laut Sage in den Tiefen des Kyffhäusers schlafen soll.

Begehbare Anhydrithöhlen, die von Besuchern besichtigt werden können, sind eine geologische Rarität, es gibt auf der ganzen Welt nur zwei: die Barbarossahöhle im Kyffhäuser und die Kungurer Eishöhle im Ural an der Grenze zu Sibirien.

Noch ein kleiner Familienausflug zum Kyffhäuser-Monument

Als Kind besuchte ich mit meinen Eltern und den Sangerhäuser Großeltern das Kyffhäuserdenkmal, das der Architekt Bruno Schmitz (1858–1916), der spätere Schöpfer des Leipziger Völkerschlachtdenkmals zu Ehren Kaiser Wilhelms I., entwor-

fen hat. Da wir aus Leipzig kamen, wirkte dieses Denkmal sehr vertraut und ich wusste schon, dass es wieder eine Menge Stufen zu erklimmen galt, um von oben herunterschauen zu können.

Einer der unterirdischen Seen.

Doch am allermeisten fesselte mich der in Sandstein gemeißelte Kaiser Barbarossa, wie der schon erwähnte mittelalterliche Friedrich I. genannt wurde, an der einen Seite des Denkmals. Sein steinerner Bart war meterlang und wucherte über seine Knie bis zum Boden. Mein Vater erklärte mir, dass der wirkliche Kaiser tief und fest in einer geheimen, verschlossenen Höhle im Kyffhäusergebirge schlafe, und er würde alle hundert Jahre aufwachen und nachsehen, ob die Raben noch um den Berg flögen und krächzten. Und wenn sie noch flögen, dann müsse er weitere hundert Jahre schlafen. Einzig sein Bart wüchse und wüchse mikroskopisch langsam immer weiter, und bis dieser nicht dreimal um den Tisch gewachsen sei, würden die Vögel weiter um den Berg fliegen.

Auf die langsame Tour von Augenblick zu Augenblick

Die schönsten Wanderwege durch den Harz

Die Südharzer Gipskarstlandschaft erforschte meine Familie mit Ausflügen nach Questenberg.

Das Wasser in dieser Gegend führt ein geheimnisvolles Untergrundleben.

Einmal wanderte meine Familie von Agnesdorf kommend querfeldein am Glasebach entlang. Wir folgten seinem Lauf bis zu einem schönen, großen, von Wald umgebenen See. Fische schwammen darin, wir konnten sie in dem klaren Wasser gut erkennen. Vor einer Woche sei hier noch kein Wasser gewesen, erzählte ein Wanderer, den wir zufällig trafen.

Meinem Vater ließ diese Bemerkung keine Ruhe. Er besorgte sich Bücher und forschte nach dem Phänomen des plötzlich aufgetauchten Sees. Dieser hieß **Bauerngraben**, er wurde gespeist durch den Glasebach. Der Bauerngraben endete an einer etwa 60 Meter hohen Steilwand und sein gesamtes Wasser wurde dann und wann plötzlich durch ein Schluckloch in den Berg gesogen.

»Es ist ein Ponor«, bekam mein Vater heraus. Er erklärte mir, der ganze Gipskarstuntergrund sei voller Löcher und Spalten, Ponore genannt, durch die das Wasser plötzlich versickere. Und wenn diese Löcher durch feste Materialen verstopft würden, würde das Wasser wieder steigen und als See an der Oberfläche sichtbar werden, bis sich der Pfropf löse und wieder alles versickere.

Fest steht, dass sich Generationen von Menschen Gedanken über diesen »episodischen See« Bauerngraben gemacht

Karstwanderweg bei Questenberg, hier eher lieblich.

haben. Zu alten Zeiten sah man eher die praktischen Aspekte: War der See trocken, so säte man Getreide und fuhr mit etwas Glück zwei, drei Jahre lang eine gute Ernte ein. Kehrte der See zurück, dann überschwemmte er zwar die Ernte, doch dann

47

wurde er eben mit Karpfen bestückt und für die Fischerei freigegeben. Bis Wasser und Fische erneut verschwanden und die Landwirtschaft wiederum die Fischerei ablöste. Ein Hin und Her der Nutzung, das manchmal gefühlt »über Nacht« geschah. Dann füllte oder leerte sich der See, um ein, zwei oder drei Jahre zu bleiben oder für längere oder kürzere Zeit wieder zu verschwinden.

Manchmal tauchte ein in weißem Gips völlig verkrusteter Fisch am Seeufer auf. Er war ein Opfer des Berges und selbst zu Stein geworden.

Forscher versuchten herauszufinden, welchen Weg das Wasser unter dem Berg nahm. Sie vermuteten, dass es bei Wickerode wieder austrete oder auch in der Heimkehle – der 12 Kilometer weit entfernten großen Schauhöhle der Karstlandschaft. Dort kann man einigen der unterirdischen Gewässer für einen Moment auf die Spur kommen. Und doch bleiben die sich stets wandelnden Wege des Wassers unter dem Südharz ein Geheimnis.

Der Karstwanderweg

Nicht nur der eben beschriebene »episodische See« ist Bestandteil des Karstwanderwegs. Die Wanderstrecke führt durch das Biosphärenreservat Karstlandschaft Südharz und erstreckt sich über die Landkreise Osterode, Nordhausen, Mansfeld-Südharz und die Kyffhäuserregion. Insgesamt beträgt die Strecke des Wegs 233 Kilometer lang auf einer Luftliniendistanz von 100 Kilometern – das heißt, es gibt mehrere Wegstrecken, zum Teil Rundwanderwege, über die sich die Naturerscheinungen dieser Regionen erschließen lassen, die da sind: Höhlen, Erdfälle, Ponore, Dolinen, Karstquellen, Bachschwinden, Karstkegel und Schlotten, geologische Orgeln, weiße Gipswände und Felsen.

Unter Karst versteht man eine oberflächliche und auch subterrane Geländeform – vor allem bei Kalkstein –, die vorrangig durch Lösungs- und Kohlensäureverwitterung zustande kommt. Das typische zerklüftete Erscheinungsbild und die Höhlenbildung sind Charakteristika für den Karst. Die Oberfläche ist auch nach Regenfällen schnell wieder trocken, denn das Wasser versickert im Gips, doch unterirdisch sammelt es sich und dort lässt es dem Gips keine Ruhe, es höhlt das Gestein aus, löst es auf, unterspült es, schafft unterirdische Hohlräume, die dann plötzlich zusammensacken und einen oberirdischen Einsturztrichter (genannt Doline) verursachen. Die Vegetation dieser Gebiete besteht aus Buchenwäldern, Hute- und Trockenrasenflächen sowie Streuobstwiesen.

Auch das Gebiet um Ellrich ist reich an Karsterscheinungen – wie z. B. die durch Verwitterung im 19. Jahrhundert eingestürzte »Kelle«-Höhle, auf deren Grund sich noch immer ein kleiner Höhlensee befindet.

Der Harzer Hexenstieg

... wurde 2003 mit dem Ziel angelegt, dem Wanderer in einer Art »Rundumschlag« den Harz mit seinen unterschiedlichen Aspekten aus Landschaft, Geologie, Historie und Kunstvielfalt vorzustellen. So führt der Hexenstieg über insgesamt 97 Kilometern von Osterode über den Brocken durch das Bodetal nach Thale. Angeboten werden auch Alternativstrecken: Zum einen über Hasselfelde statt über Rübeland, und zum anderen ist eine Umgehung des Brockens über Sankt Andreasberg möglich statt den Gipfel erklimmen zu müssen.

Auch bei diesem Weg spielt der Bergbau eine große Rolle – beispielsweise nutzt der Wanderer den Hundschen Weg, der schon ca. aus dem Jahr 1300 stammen soll, und den man jahrhundertelang mit Eselkarawanen beging, um den Bergleuten in Clausthal ihre Lebensmittel zu bringen. Eine kulturhistorische und wirtschaftsgeschichtliche Besonderheit auf dem Hexenstieg ist seit 2010 UNESCO-Welterbe: das Harzer Wasserregal, auch Oberharzer Wasserwirtschaft genannt. Gemeint ist damit das ausgeklügelte Wasserversorgungs- und -transportsystem, um die Wasserräder der Bergwerke anzutreiben.

Auch die nebligen Moore gehören zu einem typischen Eindruck des Harzes. Auf der Brockenetappe erreicht man wandernd den Nationalpark Harz.

> Auf dem Brocken habe ich zusammen mit Freunden bei einer Nachtwanderung einen traumhaften Sonnenaufgang nach einer Vollmondnacht im November erlebt. Wir hatten eine Inversionswetterlage und standen oben über den Wolken, als die Sonne aufging. Es war eine Perspektive wie aus dem Flugzeug.
>
> Joachim Ruhe, Bad Harzburg

Der Harzer Baudensteig

Der Harzer Baudensteig, der erst 2010 eröffnet wurde, verbindet von Bad Grund bis Walkenried die schönsten Waldgaststätten und Berggasthöfe im südwestlichen Harz miteinander.

Die Bezeichnung »Baude« bezeichnet die Berggaststätten im Harz, stammt aber ursprünglich aus dem Riesengebirge. War damit zunächst eine Hütte für die Viehhirten gemeint, so kann der Wanderer heute mit deutlich mehr Komfort und einer kompletten Versorgung rechnen.

Die Sehenswürdigkeiten am Baudensteig sind vielfältig; von dem bereits

Nach einer Vollmondnacht im November stand der Bad Harzburger Wanderführer Joachim Ruhe auf der Brockenkuppe und erlebte den Sonnenaufgang über den Wolken.

Baude bei den Hanskühnen-burg-Klippen.

erwähnten HöhlenErlebnisZentrum (siehe S. 37f.) bis hin zur Hochmoorlandschaft »Auf dem Acker«, immerhin 800 Meter hoch gelegen, reichen die Wanderziele.

Den Abschluss des Baudensteigs bietet die imposante Anlage des ehemaligen Zisterzienserklosters Walkenried: UNESCO-Welterbe am Weg (siehe S. 121f.).

Harzer Grenzweg: Wandern am »Grünen Band«

Das insgesamt 1 393 Kilometer lange »Grüne Band« am ehemaligen deutsch-deutschen Grenzverlauf ist nicht nur ein Denkmal der deutschen Zeitgeschichte, sondern auch ein großes Naturschutzprojekt. Ein Teil davon führt auf ehemaligen Grenzpfaden oder dem früheren Kolonnenweg entlang quer durch den Harz – 100 Kilometer Geschichte.

Diese aber soll, bei aller Freude über den Fall der Grenze, auch nicht vergessen werden. Eine künstlerische Umsetzung dazu findet sich auf einem Feld zwischen Vienenburg und Osterwieck: Die zweiteilige Skulptur »Begegnung I und II« der Künstler Detlef Kiep, Nicole Mentner und Anna Kölle bezieht die Natur mit in ihr Kunstwerk, in dem auf die Trennung der Menschen eingegangen wird, ein.

Spannend wird es in Sorge, sowohl für die, die sich noch an den ehemaligen Grenzstreifen erinnern, als auch für die Jüngeren, die hier vielleicht zum ersten Mal im Original und an Ort und Stelle betrachten können, wie die deutsch-deutschen Grenzanlagen aussahen.

Der Selketal-Stieg

Vier Etappen auf 67 Kilometern sind es, die seit 2006 auch für Wanderanfänger geeignet von Stiege bis nach Quedlinburg führen. Zudem besteht die Möglichkeit, das Wandern mit einer Fahrt in der Schmalspurbahn zu kombinieren.

Das Selketal gilt manchen als das vielleicht idyllischste Tal im Harz, mit schönem Laubwaldbestand. Wer einen Bach sucht, der nicht in Form gepresst wurde, findet ihn hier.

Neben der Burg Falkenstein, die seit fast neunhundert Jahren genutzt wird, und wo sich heute u. a. Falknervorführungen mit einem Museumsbesuch verbinden lassen, können Harzreisende auch einer anderen ehrwürdigen großen Anlage einen Besuch abstatten: Schloss Ballenstedt bietet als Hotel mit elegant-gediegenem Rahmen eine Unterkunftsmöglichkeit.

Auch für Kunstliebhaber wird auf diesem Wanderweg viel geboten – so befindet sich in Gernrode in der Stiftskirche St. Cyriakus eine Nachbildung des Grabes Christi, wohl die älteste im nördlichen Europa. Die Datierung ist nicht geklärt, wird aber möglicherweise aus der Entstehungszeit des Stifts, also aus der Mitte des 10. Jahrhunderts stammen. Seit 2013 haben die Besucher die Möglichkeit zur Besichtigung.

Das Selketal sieht aus wie ein Tal aus dem Märchen mit seinen baumbestandenen, von der Selke durchzogenen Wiesen.

Christiane Schlüter, Augsburg

53

Harzer Klosterwanderweg

67 Kilometer misst der Klosterwanderweg, der von Thale bis nach Grauhof in Goslar führt. Die Klöster werden in einem Extrakapitel vorgestellt (siehe S. 121), denn sie alle sind Orte einer besonderen Atmosphäre und Orte der Geschichte.

Harzer Försterstieg

Der Harzer Försterstieg ist ein Projekt der niedersächsischen Landesforsten und des Harzklubs. Er zeigt auf 60 Kilometern die landschaftliche Vielfalt des Westharzes, unterschiedliche Waldformen und Biotope, den historischen Bergbau, die Wassernutzung und den Hochwasserschutz.

Kürzere Wanderwege

Teufelsstieg (23 Kilometer): Der Weg mit dem Teufelssymbol führt von Elend über Schierke auf den Brocken und von dort nach Bad Harzburg. Er ist malerisch und klippenreich.

Teufelsmauerstieg (20 Kilometer): Er führt entlang der verblüffenden, wunderschönen Landschaft der Teufelsmauer, so wie sie auf S. 27ff. dieses Buches beschrieben ist.

> Wenn es jemand ist, der gern wandert, dann würde ich ihm das Eckertal empfehlen oder auch den Hohnekamm bei Drei Annen Hohne. Der Hohnekamm mit den vielen Klippen und urwüchsigen Wegen ist schon etwas ganz Besonderes hier im Harz.
>
> Joachim Ruhe, Wanderführer aus Bad Harzburg

Wege zur **Steinernen Renne** (unglaublich schön!): Los geht es in Wernigerode / Hasserode am Floßplatz, vorbei am von 1899 stammenden Wasserkraftwerk am Bahnhof »Steinerne Renne«, heute ein technisches Denkmal. Man passiert den

Der Bach Steinerne Renne
fließt uns auf dem Weg nach
oben entgegen.

Quarzfelsen »Silberner Mann« und muss sich dann entscheiden, den Berg am rechten oder am linken Ufer der Renne zu erklimmen. Beide Wege sind abenteuerlich steil und steinig. Wer über die Brücke geht und das rechte Ufer wählt, hat es noch ein wenig ursprünglicher. Der Blick auf den Bach ist berauschend im wahrsten Sinne. Ziel nach dem steilen Aufstieg von knapp 3 Kilometern ist das Gasthaus »Steinerne Renne«, malerisch thront es über dem steil über breite Steine hinabschäumenden Bach. Um dieses besondere Stückchen Erde ausgiebig zu genießen, kann man hier auch in einem Gästezimmer übernachten.

Straße der Lieder: Ein Wanderweg der besonderen Art findet sich von Stolberg zur Josefshöhe auf dem Auerberg. Im Abstand von 60 bis 80 Metern findet die Wanderer jeweils Bänke und eine »Sing mit«-Tafel, die den Titel eines Volksliedes und dessen erste Strophe zeigen. Wer während des steilen Aufstiegs noch Atem hat, kann diese Strophe aus vollem Halse schmettern: »Horch was kommt von draußen rein«, »Sah ein Knab ein Röslein steh'n«, »Im schönsten Wiesengrunde«, »Kein schöner Land« oder »Der Jäger und seine Lola«. Dies ist ein Weg, auf dem man wahrscheinlich keine scheuen Rehlein beobachten und auch nicht sonderlich schnell vorankommen wird, dafür aber anderweitig Spaß haben kann.

> Ein schöner Ort für eine kleine Wanderung ist für uns immer wieder der Weg rund um den Oderteich. Er ist abwechslungsreich, führt meist durch den Wald, ein langes Stück weit aber auch über Freiflächen auf einem Holzsteg, zwischendurch immer wieder mit Blick auf das Wasser und ist nicht überlaufen. Im Winter kann man kleine Kinder auf dem Schlitten den Weg entlangziehen, sie die Hänge herabrutschen lassen, im Sommer an den Bachläufen spielen lassen.
>
> Detlef Kühlewind, Vienenburg

Heinrich-Heine-Wanderweg: Der nach dem Dichter benannte Weg führt über 10 Kilometer auf dessen Spuren von Ilsenburg durch das Ilsetal zum Brocken. Unterwegs passiert man ein Heinrich-Heine-Denkmal – immerhin stammt die 1824 verfasste *Harzreise* von ihm –, aber auch die Kaskaden der rauschenden sogenannten Ilsefälle, denn der Fluss hat auf einer Strecke von einem Kilometer ca. 120 Höhenmeter zu überwinden. Deutsche Namen schwingen mit bei der Hermannsklippe oder den Bismarckklippen, dann zeigt der Heine-Gedenkstein nahe dem Wolkenhäuschen auf dem Brocken, dass man das Wanderziel erreicht hat.

Die Harzer Wandernadel

Die Harzer Wandernadel ist ein touristisches Angebot mit festen Spielregeln und 222 Stempelstellen überall im gesamten Harzgebiet für Menschen, die gerne wandern, dabei Stempel sammeln und sich dadurch Wanderabzeichen verdienen können.

> Ja, der Harz, ich bin froh, hier in seiner Nähe zu leben. So ist der Genuss sehr nah. Habe ich einen Lieblingsort? Darüber habe ich länger nachgedacht und muss das Bodetal, besonders zwischen Treseburg und Thale, favorisieren. Nun ist es abseits der Wanderwege oft interessanter, aber leider auch nicht erlaubt, dort die unberührte Natur zu betreten / zertreten. Da ich sehr gern wandere, aber auch klettere, suche ich gern meine eigenen Wege. Wenn ich vorsichtig und leise, auf Tierbegegnungen hoffend, querwaldein gehe, dann empfinde ich oft Glück, Zufriedenheit und Demut. Das klingt jetzt zwar ein bisschen schwülstig, ist aber so. Dann bin ich so gern bei meiner besten Freundin: der NATUR. Als Freiberufler kann man sich auch noch luxuriöserweise aussuchen, wann man sie treffen möchte.

> Jochen Müller, Quedlinburg

Der Silberschatz im Rammelsberg – wo Männer tief gegraben haben

Wie der Bergbau den Harz geprägt hat

> Zu Wochenbeginn haben Bergleute 27 Tonnen Schwerspat [...] aus der Grube ›Wolkenhügel‹ in Bad Lauterberg geholt. Sie wird jetzt geschlossen; nach 169 Jahren Förderung ist sie ›restlos leergeräumt‹. Damit ende, so zur Wochenmitte das niedersächsische Landesamt für Bergbau, der Bergbau im Harz, der älteste in Europa.
>
> Frankfurter Allgemeine Zeitung, 13.06.2007

Als zwischen dem künftigen Goslar und Bad Harzburg der *Europasaurus holgeri* und in der Nähe des künftigen Halberstadt Plateo- und Plesiosaurier gerade aus ihren Eiern schlüpften – das war vor mehreren Millionen Jahren –, da versanken Baumstämme im Sumpf, wurden zu Kohle gepresst, die Ahnen jener Saurier zu Erdöl gewandelt, und ringsumher stieg Magma aus Vulkanschloten und reicherte das umliegende Gestein mit wertvollen Metallen an. Dies alles interessierte allerdings die kommenden Millionen Jahre lang niemanden. Die Steinzeitmenschen, die dann vor 12 000 Jahren im Harz lebten, ahnten noch nichts vom Reichtum der Berge.

Ganz anders war das schon ein paar Tausend Jahre später bei der heute sogenannten genetisch ältesten Familie der Welt, die im Umkreis der Lichtensteinhöle bei Osterode lebte und in deren Grabbeigaben sich bronzene Gegenstände befanden. Zwischen der Epoche der Steinzeitjäger und der Epoche dieser Familie hatte es eine Revolution in der Entwicklung der Menschen gegeben, deren Ursprung die Entdeckung der Metallurgie war. Diese fand zunächst im Orient statt, verbreitete sich über den Handel und neue Reiserouten und führte irgendwann auch zur Entdeckung der bis dahin noch verborgenen Schätze des Harzes.

Das Feuer hat den Menschen einst das Geheimnis der Steine verraten. Vielleicht war ein Töpfer gerade dabei, seine Keramik aus Ton zu brennen. Und aus den Steinen, auf denen er sein Feuer entzündet hatte, floss plötzlich Kupfer, das sich abkühlte und überraschend als ein glänzendes, formbares Metall präsentierte. Die Kupfersteinzeit begann und irgendwann geriet etwas Zinn mit in die Kupferpfütze und bildete eine neue Legierung und ein neues Zeitalter: die Bronzezeit.

Damit begann alles, was uns bis heute beschäftigt: der Handel mit glänzendem Metall als Zahlungsmittel, das Tragen von Schmuck, das Anhäufen von Reichtum, die Räuberei mit dem Schwert, der

Der Rammelsberg mit dem Bergbaubetrieb: Die Gebäude über Tage sind noch original erhalten, ebenso wie der Großteil der jahrhundertealten Stollen im Inneren des Berges.

Schutz vor Räuberei mit dem Schwert, das es lange vor der Pflugschar gab. Der Bau von Schmelzöfen, das Verbrennen von Holz und Kohle ... Weiterhin das Suchen nach neuen Schätzen, um weiteren Reichtum anzuhäufen und bessere und schärfere Schwerter zu schmieden, z. B. nur tausend Jahre später dann aus Eisen, wozu der Bau von größeren Schmelzöfen und das Verbrennen von noch mehr Holz und Kohle nötig war.

Hatte der Harz vor etwa dreitausend Jahren noch eine rundum nahezu makellose Pelle, so änderte sich dies jetzt. Bronzezeitliche Schatzsucher bohrten sich wie die Termiten in die Berge hinein, schufen Gänge und Stollen, schufen ihre eigenen Dämonen dort in der Finsternis, von Einsturz, giftigen Gasen und unterirdischen Wassern bedroht. Der Bergbau der ersten Stunde war ein gefährliches Geschäft und der Teufel wurde ständig zitiert, denn nicht Dummheit und Gier waren schuld am Misserfolg, sondern der Teufel (was diesem natürlich nicht besonders gefiel, denn er brauchte viele Jahrhunderte, um sein Image wieder aufzupolieren). Manche Bergleute hatten Erfolg und wurden reich. Manche ließen graben und wurden noch reicher. Andere wiederum gruben ergebnislos. Weitere tausend Jahre vergingen. Die Hacken wurden besser, die Stollen tiefer. Doch das Thema war noch längst nicht ausgeschöpft.

Damals brauchte ein Ross auf dem Rammelsberg bei Goslar nur mit den Hufen zu scharren, um eine ganze Kette von tiefgreifenden Ereignissen in Gang zu setzen. Es heißt ja in der Sage, das Ross des Ritters Ramm habe sich auf der Kuppe des damals noch namenlosen Berges gelangweilt und mit den Hufen gescharrt und dabei im Erdreich pures Silber zutage gekratzt. Silber! Sofort reisten die gekrönten Häupter dieser Epoche aus entlegenen Ecken des Heiligen Römischen Reiches an und beanspruchten den ganzen Berg für sich. Bauten Pfalzen und hielten dicht an der Quelle ihres neuen Reichtums Hof.

Der Bergbau wurde immer professioneller betrieben, der Harz wurde kahlgeholzt, weil das gewonnene Erz geschmolzen werden musste, Holzkohle-Meilereien entstanden überall, die Bäche des Harzes wurden gezwungen, dem neuen Wirtschaftszweig, der Schatz-Gewinnung zu dienen – sie wurden umgeleitet, zu Teichen gestaut, abgeleitet, zum Antrieb von Hubrädern genutzt, ein- und ausgepumpt, der Harz ragte bald mit kahlen Gipfeln auf und war innerlich durchlöchert wie ein Käse, Schwermetall sank in den Boden und schuf eine neue Flora. Von Ferne kamen die Venezianer und gruben heimlich nach ganz eigenen Schätzen, nahmen sie und verschwanden wieder, ein paar Sagen und Märchen zurücklassend.

UNESCO-Weltkulturerbe:
Besucherbergwerk Rammelsberg bei Goslar

Der Rammelsberg bei Goslar gilt als erstes großes, systematisch und industriell betriebenes Erzbergwerk im Harz. Im Jahr 968 wurde dort mit der Erzförderung begonnen. Über tausend Jahre lang fanden Bergleute im Inneren des Berges Silber-, Blei-, Zink- und Kupfererz – bis 1988 war das Bergwerk ununterbrochen in Betrieb. Es nahm dadurch Dimensionen an, die einmalig sind. Um 27 Millionen Tonnen Erz wurde der Berg vom Menschen erleichtert. Eine solch ergiebige Lagerstätte war weltweit einzigartig.

Ein Reichtum an Gesteinsfarben im Rammelsberg.

Im Rammelsberg fand ich das riesige Wasserrad im Berg beeindruckend. Und die vielen tollen Farben der verschiedenen Mineralien, die sich farbenfroh durch den Fels ziehen.

Bettina Hasse, Bad Harzburg

Heute ist der Rammelsberg ein gigantisches Besucherbergwerk und UNESCO-Welterbe. Hier findet sich mit dem »Rathstiefster Stollen« der älteste und am besten erhaltene Stollen des deutschen Bergbaus, aus dem 13. Jahrhundert stammt das »Feuergezäher Gewölbe«, das ebenfalls noch erhalten ist. Besucher fahren mit der Grubenbahn in den Berg ein. Darin finden sie noch Originalmaschinen der Bergarbeiter vor, deren Funktionsweise demonstriert wird. Ein riesiges Wasserrad im Roeder-Stollen wurde rekonstruiert, es war zu den Zeiten in Betrieb, als der dänische Dichter Hans Christian Andersen dieses damals noch aktive Bergwerk besichtigte. Andersen schrieb im Jahr 1831 in seinem Buch *Umrisse einer Reise von Kopenhagen nach dem Harze ...* über seine erste Begegnung mit dem Berg:

Es war der Rammelsberg, bekannt durch sein Bergwerk, in welchem mehr Bauholz stecken soll, als in allen Häusern Goslars. Die ganze Seite, welche gegen den Weg gekehrt war, bestand meist aus Schieferstein, wodurch der Berg mir das Ansehen eines ungeheuren Gebäudes gewann, welches abgebrannt und zusammengestürzt war. Die Luft selbst hat etwas von Schwefel und Brand an sich, und das Wasser, welches mittelst eines Abflusses aus dem Berge hervor lief, wo es benutzt worden war, sah ganz ockergelb aus. [...] Bei der Einfahrt ins Bergwerk war eine Anzahl junger Arbeiter beschäftigt, die rohen Erzmassen in eine gegrabene Vertiefung zu schütten. Wir nahmen einen Führer [...] und traten ein. [...] Die Gänge waren hier wie aus Bronze. Das Erz schimmerte bald grün, bald kupferrot auf dem Gesteine. [...] Ein Gang kreuzte den anderen. [...] Mit einem Male brauste es über unseren Köpfen, es war, als ob der ganze Berg zusammenstürzte. Ich sprach kein Wort, sondern schmiegte mich eng an meinen Begleiter, welcher mir nun erzählte, dass man oben eine Schleuse eröffne, welche ein Rad in Bewegung setze, mittels dessen die Erzstücke aus den tiefsten Gruben herausgehoben würden. Ein Abgrund öffnete sich seitwärts. Beim Lampenlichte vermochten wir nicht, das große Rad, über welches das Wasser hinströmte, zu übersehen. Ich kann schwer entscheiden, ob dieses oder die weiten Grotten, wo das Erz mit Feuer losgearbeitet wird, mir malerischer vorkamen. Die roten Flammen schlugen hoch auf und beleuchteten die schwarzen Bergleute ringsum. Ich lehnte mich an die Felsenwand und begann mich an die fremde Welt zu gewöhnen, welche bei aller Furchtbarkeit schön war.

Übertage können Besucher die Erzbereitungsanlage und mehrere Ausstellungen in den Museumshäusern besichtigen. Eines davon ist die einstige Kraftzentrale des Bergwerks – das Energiezentrum mit allen Turbinen und Schaltanlagen. Hier steht auch einer der letzten Erzförderwagen des Rammelsberges, ein Hunt, den die Künstler Christo und Jeanne-Claude verpackt haben. Mit dem Schrägaufzug im Außenbereich können die Gäste den Berg hinauffahren und von dort einen Überblick über die weitläufigen Übertage-Anlagen des Bergwerkes gewinnen.

> Es gibt ja inzwischen auch die ›alte Schmiede‹, die mit diversen Veranstaltungen lockt – Goethes *Faust* zu Walpurgis u. a., da ist es ganz nett, sehr ursprünglich, sehr urig.
>
> Astrid Glötzer, Bad Harzburg

Original erhalten, wie es schon Hans Christian Andersen gesehen hat: das große Wasserrad im Rammelsberg.

Hans Christian Andersen beschreibt auch, wie er Goslar durch das Okertal verließ, und so sah es damals dort aus:

> Die Aussicht erweiterte sich, das Oker-Tal mit seinen Schmelzhütten liegt um uns her. Der schwarze Rauch wirbelte in die Luft und stach wunderlich gegen den blauweißen Nebel an den Bergen ab. In den Hütten brannte das starke, rote Feuer, und das geschmolzene Metall lief der Lava gleich mit grüner und weißer Flamme in einer Rinne auf dem Boden hin [...] Der pechschwarze Abfall bildet einen kleinen Berg vor dem rot gedeckten Hause, dicht daneben braust die Oker über große Steine dahin, ein alter Bergmann schiebt seinen Karren über die lange schmale Brück und im Hintergrund mitten im weiß-grünen Dampf steigen grünliche Rauchsäulen in die Luft. Sie rühren vom ›Schwefelhaufen‹ her, einigen aufgeworfenen Höhen, worin ein starkes Feuer angezündet ist; so siedet der gelbe Schwefel aus der Erde hervor. [Methode zum Entschwefeln der Erze]

Grube Samson in Sankt Andreasberg

Im Jahr 1521 ließen die Hohnsteiner Grafen die Grube Samson in Betrieb nehmen; bis in 810 Meter in die Tiefe gruben die Bergleute und förderten Silbererz ans Tageslicht. Die neuesten Erfindungen aus Clausthal-Zellerfeld fanden 1837 in der Grube Samson Anwendung: das von Oberbergrat Albert erfundene Drahtseil sowie die von Oberbergmeister Dörell konstruierte kunstradgetriebene sogenannte Fahrkunst – im schmalen und tiefen Schacht eine Art Pendeltreppe, wo der Bergmann auf sich gegenläufig nach oben und unten bewegende Plattformen im rechten Moment aufspringen muss und so im Zickzack hinauf oder hinab gelangt. Diese Fahrkunst ist die letzte noch heute erhaltene und funktionstüchtige der Welt. Sie wird heute noch von den Wartungstechnikern des untertägigen Wasserkraftwerkes genutzt.

Dieses Wasserkraftwerk wurde nach Schließung der Grube in 190 Metern Tiefe gebaut. Das Wasser des Rehberger Grabens dient hier der Stromerzeugung. Seit 1951 kann in der

Grube Samson das Bergwerksmuseum mit seiner Drahtseil-Fahrkunst besichtigt werden, auch das Wasserrad wird dabei in Bewegung gesetzt, die Anlage steht auf der Liste der internationalen historischen Maschinenbaudenkmäler.

Ein Bergmann benutzt die Fahrkunst – die Tritte sind an vertikal auf und ab pendelnden Gestängen befestigt.

Ein Museum für die Harzer Roller – die erstmalig in Sankt Andreasberg gezüchteten Kanarienvogel – ergänzt das Besucherbergwerk seit einigen Jahren. Kanarienvögel waren für die Bergleute einerseits Nebenerwerb durch Verkauf, andererseits wurden sie mit untertage genommen, um giftige Gase anzuzeigen. War Kohlenmonoxid im Stollen,

65

dann erstarb mehr als nur ihr Gesang. Den Bergleuten dagegen retteten sie das Leben.

Neben der Grube Samson können auch Stollen der benachbarten ehemaligen Gruben Catharina Neufang und Roter Bär besichtigt werden.

In Andreasberg habe ich mit Schulklassen die Grube Samson besichtigt, und die Kinder und ich hatten das Treppenmodell noch lange im Gedächtnis – ein falscher Tritt, und der Bergmann ist erledigt.

Iris Brembt-Liesenberg,
Grundschulleiterin, Goslar

Weitere Schaubergwerke und Bergbaumuseen

Der **Ottilae-Schacht** in Clausthal-Zellerfeld ist stillgelegt und verfüllt worden, doch wird der Ort noch von einem auffälligen stählernen Fördergerüst markiert und ist ein Bestandteil des **Oberharzer Bergwerksmuseums**. Besucher können mit der rekonstruierten Tagesförderbahn dorthinfahren, um die betriebsbereite elektrische Förderanlage und eine funktionstüchtige Dampfmaschine zu besichtigen. Das Bergwerksmuseum selbst zeigt im Haus und im Außenbereich zahlreiche originale Bergbaugeräte und Grubenanlagen, u. a. ein Pochwerk, einen Pferdegaipel und einen wirklichkeitsgetreuen Nachbau einer Harzer Erzgrube.

Der **19-Lachter-Stollen** in Wildemann diente der Entwässerung, hier finden sich noch ein 9 Meter hohes, über tausend Jahre altes Wasserrad, Turbinen und Kompressoren. Das **Bergbaumuseum Schachtanlage Knesebeck** in Bad Grund zeigt einen 47 Meter hohen Hydrokompressorenturm, genannt »der Zeigefinger Gottes«. Das **Niedersächsische Bergbaumuseum Lautenthals Glück** bietet die Möglichkeit, die unterirdische ehemalige Silbergrube bei Lautenthal per Grubenbahn und mit dem Boot, dem Erzkahn, zu erkunden. Auf der unterirdischen Wasserstraße – einem Wasserlösungsstollen – wurde zu Betriebszeiten auch das Erz verschifft.

In Bad Lauterberg befindet sich das **Besucherbergwerk Scholmzeche** sowie die ehemalige Kupfergrube »Aufrichtigkeit« – Stollen und Gänge sind lange bevor es Maschinen gab mit Schlägel und Eisen in den Berg getrieben worden. Dies sind genau jene Werkzeuge, die gekreuzt das typische Symbol des Bergbaus darstellen. Das **Schaubergwerk Büchenberg** bei Elbingerode dagegen ist Zeuge des jüngeren Bergbaus. Von 1936 bis 1970 wurde dort Eisen gewonnen und dabei die längste Industrieseilbahn Europas über eine Strecke von 8 Kilometern betrieben. Besuchern werden die ohrenbetäubend lauten Bergbaugeräte vorgeführt und mitunter im »Tzscherperraum« urige Mahlzeiten angeboten.

Bei Ilfeld befindet sich das ehemalige **Kohlebergwerk Rabensteiner Stollen**. Es war das einzige Kohlebergwerk im Harz. Zweihundert Jahre lang wurde hier Steinkohle gefördert, jetzt sind es Besucher, die mit der Grubenbahn in den Stollen einfahren. Sie können hier auch unter Tage tafeln, ein Stück mit dem Schienenfahrrad fahren oder mit einem Abbauhammer ein wenig Kohle von der Wand klopfen.

In der Nähe von Straßberg ragt der Erzförderturm der **Grube Glasebach** auf. Zwischen dem 17. Jahrhundert und dem Jahr 1982 wurde hier Kupfererz, Schwefelkies und Flussspat ans Tageslicht befördert. Die gesamte Anlage steht heute als Denkmal des Harzer Bergbaus unter Denkmalschutz und wird als Museum weiter ausgebaut.

Das Naturdenkmal und Schaubergwerk **Lange Wand** in Ilfeld ist ein weltweit bekannter geologischer Aufschluss mit großer Bedeutung für die Forschung. Das Flüsschen Bere hat hier auf einer Länge von 50 Metern und etwa 10 Meter hoch ein besonderes Schichtprofil im Gestein freigelegt. Hier fanden Forscher vererzte Tier- und Pflanzenreste in Gesteinen aus der Zeit des Perm vor etwa 300 Millionen Jahren. Aus dem Tonschiefer bargen sie einen fossilen Fisch der Urmeere: den »Kupferhering«. Kobalt und Schwerspat wurden schon im 16. Jahrhundert in der Langen Wand abgebaut. Das Schaubergwerk ist nahezu in seinem ursprünglichen Zustand erhalten geblieben.

ErlebnisZentrum Bergbau
Röhrigschacht in Wettelrode

In Wettelrode, einem Ortsteil von Sangerhausen, fällt sofort der stählerne Förderturm des Röhrigschachtes auf. Vom Mittelalter bis ins Jahr 1990 bauten Bergleute in diesem Bergwerk Kupferschiefer ab. Nach seiner Schließung wurde es direkt in ein Schaubergwerk umgewandelt und beeindruckt Besucher mit seiner originalen Schachtförderanlage, die sie 300 Meter unter der Erdoberfläche bringt. Von dort befördert die Grubenbahn die Besucher einen Kilometer weit durch den Berg zu einem Abbaufeld des 19. Jahrhunderts, wo die bergbautechnischen Druckluftgeräte vorgeführt werden.

Angeboten werden vom ErlebnisZentrum Bergbau auch geführte und sehr abenteuerliche Sondertouren in Wathosen, so z. B. auch durch den »Segen-Gottes-Stollen«, einen Entwässerungsstollen des einstigen Thomas-Müntzer-Schachtes in Sangerhausen. Die unterirdische Tour führt durch Wasser bis zu einer Höhe von 80 Zentimetern. Sie nimmt sieben Stunden in Anspruch und bedarf somit einiger Kondition. Dafür wird unterwegs auch Stärkung angeboten und das Ziel ist die Marienglasschlotte (eine Schlotte ist eine natürliche Höhle im Karstgebirge). Das Marienglas darin wird auch Spiegelstein genannt, es sind Gipskristalle, durchsichtig wie Glas, sehr schön anzusehen.

> Wir wanderten in Anglerhosen durch den ›Segen-Gottes-Stollen‹ zur Marienglasschlotte. Dort gab es Schachtschnaps, Fettbemmen und Gurken. Danach war ich fix und fertig, was nichts mit dem Schnaps zu tun hatte. Als Souvenir durfte man etwas Marienglas mitnehmen.
>
> Holger Werfel, Sangerhausen

Über Tage befindet sich das Bergbaumuseum mit technischen Geräten und anderen Ausstellungsgegenständen, die an das Leben der Bergleute erinnern, es informiert über Geologie, Mineralogie und die achthun-

◤ *Die Lange Wand bei Ilfeld.*

▶ *Ein Schlackeberg, auf dem nichts wächst.*

dertjährige Geschichte des Kupferschieferbergbaus der Region. Das Museum ist zudem Ausgangspunkt eines Bergbaulehrpfades.

Das äußere Zeichen des Kupferschieferbergbaus im Sangerhäuser Revier ist die weithin sichtbare Spitzkegelhalde Hohe Linde. In 34 Jahren Erzgewinnung kippten Seilbahnloren den Abraumschutt des Thomas-Müntzer-Schachtes auf einer Fläche von 12 Hektar zu einer Höhe von 145 Metern. So ragt sie gesteinsgrau, pflanzenlos und pyramidenförmig aus dem Grün der Umgebung empor, ein Wahrzeichen der Stadt und des Bergbaus, das zweimal im Jahr erstiegen werden darf.

Bergbau im Mansfelder Land

Der Abbau von Kupfer- und Silbererz, Kalisalz und Kohle bestimmt über achthundert Jahre lang das Leben der Menschen im Mansfelder Land. Das Jahr 1199 taucht in den Mansfelder Chroniken auf, als Jahr, in dem erstmals Kupferschiefer in der Region abgebaut wurde. Im 16. Jahrhundert gab es im Mansfelder Land mehr als 120 Schächte. Die Verwendung von Koks bei der Verhüttung der Erze ist eine Erfindung dieser Region, die erste in Deutschland nach Watt'scher Bauart konstruierte Dampfmaschine kam 1785 im Burgörner Revier zum Einsatz, die Städte der Umgebung sind gepflastert mit den Steinen, die aus der Schlacke der Erzhütten gewonnen wurden. Zu DDR-Zeiten erlebte der Bergbau im Mansfelder Land noch einmal einen großen Aufschwung, wurde aber mit der Zeit und der wachsenden Tiefe der Schächte immer unwirtschaftlicher und im Jahr 1990 eingestellt. 110 Millionen Tonnen Kupferschiefer und Silbererz wurden aus dem Boden der Mansfelder Region gewonnen. Weitere Metalle und Rohstoffe waren u. a. Nickel, Schwefel, Selen, Blei, Zink, Platin, etwas Gold, Palladium, Cadmium ...

Als Folge des Bergbaus verschwand der einst 850 Hektar große, 14 000 Jahre alte Salzige See bei Wansleben im Jahr 1894 vollständig von der Oberfläche.

Über den Bergbau im Mansfelder Land können sich Interessierte im Mansfeld-Museum informieren. Attraktion der

Ausstellung ist ein originalgetreuer Nachbau der ersten in Deutschland hergestellten Dampfmaschine nach Watt'scher Bauart.

Steinbrüche

Nicht direkt Bergbau, sondern Bergabbau sind die Steinbrucharbeiten im Harz. Steinbruchgebiete gab es im Harz viele, einige sind heute noch in Betrieb, so z. B. in Bad Harzburg (Gabbro-Granit), Rübeland (Kalk) und Nordhausen (Gips). Naturliebhabern stehen die Haare zu Berge, wenn sie sehen, wie nach und nach ein ganzer Berg zu Schotter verarbeitet wird: durch Sprengungen ... ein Thema, das den Rahmen des Buches sprengt.

Zum Glück verfügt die Natur über einige erstaunliche Heilkräfte. Das renaturierte Steinbruchgebiet bei Wolfshagen ist ein Beispiel. Ein anderes befindet sich in der Nähe von

Keine Fälschung. So sieht der blaue See im Frühling aus!

Rübeland. An einem der stillgelegten Rübeländer Kalkstein-brüche hat sich ein Naturschauspiel der besonderen Art gebildet: der Blaue See.

Verborgen liegt er im Gelände zwischen hohen Felsen versteckt. Der Kalkuntergrund sorgt für ein ganz ungewöhnliches Farbspiel – der See ist nicht nur blau, er ist blauer als blau, hellblau, leicht türkis, wie mit Tusche gemalt. Diese eigentümliche Farbe wird vom Kalk verursacht, woraus der Seeboden besteht und auch das Wasser ist sehr kalkhaltig, wodurch alle Farben bis auf dieses helle, leuchtende Blau absorbiert werden. Baden ist hier eigentlich verboten, doch die Verlockung ist wohl für manche zu groß. Andere sonnen sich auch einfach nur auf den Felskuppen. Wir fanden dort ein Bächlein, das vom See wegfließt, doch keines, das hineinführt. Der See hat sein Geheimnis bewahrt, er ist kein Ponor. Er ist auf künstliche Weise, doch ungeplant durch die Arbeiten im einstigen Steinbruch entstanden. Besteht er aus Regenwasser? Fakt ist, dass er im Winter meistens verschwunden ist. Im Frühling ist er auf einmal wieder da – glasklar und in strahlendem, absolut unnatürlich wirkendem Hellblau. Über den Sommer siedeln sich aufgrund der Badegäste Algen an, dann wird der See türkis, im Herbst ist er dann undurchsichtig und lindgrün, bevor er seine Winterpause einlegt.

Ein Komplott in Quedlinburg und eine Pfalz in Goslar

Kaiser, Könige und Ritter bauen Burgen, halten Hof

Der Bergbau hat die Wirtschaft und die Anfänge der Industrialisierung im nördlichsten deutschen Mittelgebirge und darüber hinaus in Niedersachsen und Sachsen-Anhalt geprägt. Er bildete die wirtschaftliche Grundlage für ottonische Kaiser, die das Harzvorland zum Mittel- und Ausgangspunkt ihres Reiches machten und Städte wie Goslar, Quedlinburg und Halberstadt zu reichen Bistümern oder zu Kaiserpfalzen.

Frankfurter Allgemeine Zeitung, 13.06.2007

Heinrich I. (876–936) in Quedlinburg

Im Jahr 941 bei der Ostermesse zu Quedlinburg versuchte Herzog Heinrich, seinen Bruder König Otto I. zu ermorden. Die Ursache für den Bruderzwist lag in einer Entscheidung des Vaters begründet.

Der Vater von Otto und Heinrich war Herzog der Sachsen aus dem Geschlecht der Ludolfinger und hieß auch Heinrich. Er liebte es zu jagen, und die Gegend um Quedlinburg war sein Refugium, um Finken zu fangen. Die Leute dort nannten ihn darum »Heinrich den Vogler«. Auf einem Platz bei ihrem Städtchen, beim Finkenherd, so erzählten sie sich noch Hunderte Jahre später, soll Heinrich gesessen haben, als berittene Boten zu ihm kamen und ihm berichteten, er, Heinrich, solle König sein. Und so geschah es auch, Heinrich der Vogler wurde im Jahr 919 in Fritzlar zum ersten deutschen König erhoben. Als Heinrich I. ging er in die Geschichtsbücher ein.

Durch geschickte Verhandlungen schaffte er es, den Überfällen durch die Ungarn auf sein Reich ein vorläufiges Ende zu setzen, die ausgehandelte Frist des mit hohem Tribut gezahlten Friedens nutzte er jedoch, um Verteidigungsburgen entlang von Elbe und Saale zu bauen und somit Zufluchtsorte für die Bevölkerung zu schaffen. Er stellte eine Armee auf und als diese stark genug war, verweigerte Heinrich I. weitere Tributzahlungen an die Ungarn und kündigte den Waffenstillstand auf. Sein neues Heer zwang die kampferprobten Ungarn zur Flucht. Es war der erste Sieg des vereinigten Deutschen Reiches, zum ersten Mal hatten alle Stämme zusammengehalten.

Heinrich I. hatte es also geschafft, das Reich zu vereinen; er gilt als der Begründer des Heiligen Römischen Reiches. Sein Machtzentrum wurde die Region des nördlichen Harzes.

Die Stiftskirche St. Servatius und der Domschatz in Quedlinburg

Der Stadt Quedlinburg blieb Heinrich I. über seinen Tod hinaus verbunden, hier schuf er seine Memoria, den Ort, an dem die Menschen seiner nach seinem Tod gedenken sollten. Bis dahin besuchte er Quedlinburg regelmäßig zu den Osterfeiern, wodurch wertvolle Gegenstände und heilige Reliquien in die Stadt gelangten und dort aufbewahrt wurden – in der Stiftskirche auf dem Schlossberg. Seine Frau, die heilige Mathilde, gründete dort nach dem Tod ihres Mannes ein Damenstift, dessen Aufgabe es war, die Töchter des höheren Adels auszubilden.

Das Königspaar wurde, wie es der Wunsch Heinrichs I. gewesen war, in Quedlinburg beigesetzt, und die Stiftskirche St. Servatius, damals auch Dom genannt, wurde zum Ort des Gedenkens an Heinrich I. und seine Frau, die heilige Mathilde. Der im Zweiten Weltkrieg verloren gegangene und Jahrzehnte später wiedergefundene Domschatz von unschätzbarem Wert stammt aus dieser Zeit.

Wie aber hatte Heinrich I. die eigenen Söhne so gegeneinander aufgebracht, dass der eine den anderen umbringen wollte?

Hoch über Quedlinburg: die
Stiftskirche St. Servatius.

Otto I. (912–973), der erste Kaiser

Heinrich I. und Mathilde hatten zwei Söhne. Üblich war es bis
dato bei den Herrschenden, das Herzogtum oder nun auch
das Königreich unter den Söhnen aufzuteilen. Doch Vater
Heinrich war nicht bereit, das mühsam geeinte Reich erneut
zu teilen und eine Spaltung zu riskieren. Er sprach dem älteren
Sohn – Otto – die Königsnachfolge zu. Heinrich ging leer aus.

Heinrich wollte dies nicht akzeptieren, zudem trug er den
Namen seines herrschenden Vaters, obwohl er der Zweitge-
borene war. Seine Mutter war der gleichen Meinung, aber diese wurde nicht berücksichtigt. Otto wurde im Jahr 936 zum
König gekrönt. Heinrich konnte das nicht verwinden und versuchte, die Krone mit Gewalt an sich zu bringen. Doch das ge-
plante Mordkomplott zur Ostermesse im Jahr 941 misslang
und flog auf, einige der Mitverschwörer wurden hingerichtet.
Heinrich wurde gefangen genommen. Jahre später verzieh
ihm König Otto I. und sprach ihm das Herzogtum Bayern zu.

Ottos Erfolgsgeschichte setzte sich fort. Er war einer der
bedeutendsten deutschen Monarchen. Im Jahr 962 wurde er
in Rom zum Kaiser gekrönt. In Quedlinburg empfing er bei

den Osterfesten Gesandte aus Dänemark, Polen, Ungarn, Byzanz, Italien und Spanien. Er war der erste deutsche Kaiser und der erste der nach ihm benannten Ottonen.

In Goslar ließ Otto I. den Rammelsberg erschließen. Die Silberförderung begann, in deren Folge (in den Jahren 1040 bis 1050 unter Kaiser Heinrich III.) die Kaiserpfalz gebaut und zu einem neuen Zentrum des deutschen Kaisertums wurde … zu einem von mehreren Zentren der Kaiser, denn damals zogen Könige und Kaiser von Ort zu Ort durch das gesamte Reich, um Hof zu halten, Recht zu sprechen, Allianzen zu knüpfen und Entscheidungen zu treffen. Otto I. und seine Nachfolger waren tatsächlich »Wanderkaiser« (was nichts mit der Harzer Wandernadel und ihrem höchsten Titel zu tun hat – doch hätte es diese damals schon gegeben, der Kaiser hätte sie bekommen).

Markgraf Gero (897–965) und die Stiftkirche St. Cyriakus in Gernrode

Gero entstammte einer hochangesehenen ostsächsischen Adelsfamilie und war eine Zeitlang die rechte Hand von König Otto I., dem Sohn Heinrich I. und späteren Kaiser. Gero ließ in Gernrode die Stiftskirche St. Cyriakus bauen, die heute noch als eines der bedeutendsten ottonischen Baudenkmäler gilt. Das wichtigste dort zu besichtigende Kunstwerk ist

Große Kirche in kleinem Ort: die Stiftskirche St. Cyriakus in Gernrode.

das reich verzierte Heilige Grab, eine Nachbildung des Grabes Christi in Jerusalem. Forscher vermuten ein späteres Zerwürfnis zwischen Gero und Otto I.

Erste Äbtissin des Stiftes Gernrode war Geros Schwiegertochter Hathui. Beide wurden in der Stiftskirche beigesetzt.

Der Dom St. Stephanus und St. Sixtus in Halberstadt

Der Dom St. Stephanus und St. Sixtus ist ein Bau aus der Zeit des Kaisers Otto I. Er wurde im Stil der klassischen französischen Kathedralen errichtet, um ordentlich Eindruck zu machen, was ihm bis heute gelingt: Als spektakulär wird seine Architektur bezeichnet, seine mittelalterliche Ausstattung ist in ungewöhnlichem Maße erhalten geblieben. Der be-

Herausragend in Halberstadt – der Dom mit Domschatz.

77

rühmte dort verwahrte Domschatz stammt aus dem Vierten Kreuzzug, an dem der damalige Bischof Konrad von Krosigk beteiligt war. Er ist mit über sechshundert Exponaten einer der bedeutendsten in Europa.

Die Nachfolger des ersten Kaisers

Otto I. führte die Nachfolgeregelung seines Vaters Heinrich I. fort, indem er dafür sorgte, dass das Reich nicht aufgeteilt wurde. Schon früh leitete er für seinen ältesten Sohn Otto alles in die Wege, ließ ihn gut ausbilden und machte ihn bereits als Kind zum Mitkaiser. Otto II. (955–983) wurde der Nachfolger seines Vaters, doch er starb sehr jung, bereits mit 28 Jahren, und ließ seine Frau, die Byzantinerin Theophanu, und sein Kind zurück. Der Kleine, Otto III. (980–1002), war noch keine vier Jahre alt, als er zum König gewählt wurde. Seine Großmutter, Adelheid von Burgund, und seine Mutter Theophanu übernahmen während der Unmündigkeit des neuen Königs die Regierungsgeschäfte und waren als regierende Kaiserinnen die mächtigsten Frauen des Mittelalters. Im Jahr 994 dann trat Otto III. die Nachfolge an, wurde zwei Jahre später Kaiser, doch auch er starb jung, gerade 22 Jahre alt.

Nun gab es keinen direkten Thronfolger mehr. Und jetzt, zwei Generationen später, sollte die Linie Heinrichs, des Bruders Otto I., wieder zum Zuge kommen – Heinrichs Enkel, ebenfalls Heinrich genannt, wurde im Jahr 1002 zum König und im Jahr 1014 zum Kaiser gewählt. Er herrschte bis zu seinem Tod im Jahr 1024, blieb jedoch kinderlos und ging als Heinrich II. und als Letzter der Ottonen in die Geschichtsbücher ein.

Zum Nachfolger wurde der Salier Konrad II. (990–1039) zunächst zum König gewählt und im Jahr 1027 zum Kaiser gekrönt. Er war der Erste des neuen Königsgeschlechts der Salier. Sein Sohn Heinrich wurde 1017 in Bodfeld im Harz geboren und schon früh zum Thronerben und Mitkönig bestimmt.

Als Heinrich III. aus der Familie der Salier war er von 1046 bis 1056 römisch-deutscher Kaiser.

Heinrich III. (1017–1056) errichtete die Kaiserpfalz zu Goslar

Goslar war im 10. Jahrhundert eine reiche Stadt, Grund dafür war der Rammelsberg mit seiner Silbermine. Heinrich III. ließ darum die Kaiserpfalz bauen, mit 54 Metern Länge und 18 Metern Breite damals das größte weltliche Gebäude, das es gab. Der hohe Thronsaal war dem Kaiser und seinem Gefolge gewidmet, der untere Saal wurde vom Hofstaat bevölkert, die Ulrichskapelle ist durch einen Arkadengang direkt mit dem Saal verbunden. Dort befindet sich bis heute das Herz Heinrichs III., sein Grab ist in Speyer bei den anderen Kaisern der Salier, doch dieses Organ wollte er in Goslar aufbewahrt wissen. Die Grabstätte wurde in die Ulrichskapelle verlegt, als der Dom nahe der Kaiserpfalz baufällig und 1819 abgerissen wurde.

Der berühmte Kaiserstuhl, des Kaisers Thronsessel, kann heute in der Domvorhalle der Kaiserpfalz hinter Sicherheitsglas besichtigt werden.

Goslar begann die Kaiserpfalz Ende des 19. Jahrhunderts als Ort der Erinne-

Andere Kaiserpfalzen verschwanden, diese blieb: die berühmte, noch gänzlich erhaltene Kaiserpfalz in Goslar.

Die grünen Reiterstandbilder prägen das heutige Bild der Kaiserpfalz.

rung zu pflegen und neu zu gestalten. Der Kaisersaal erhielt im Inneren das heute bekannte monumentale Wandgemälde, in dreizehnjähriger Arbeit geschaffen von Hermann Wislicenus (1825–1899), mit Szenen aus der deutschen Geschichte sowie einigen Harzer Sagen. Die beiden markanten Reiterstandbilder kamen ebenfalls in dieser Zeit hinzu: Kaiser Friedrich Barbarossa als Symbolfigur des ersten Deutschen Reichs, daneben Kaiser Wilhelm I., der erste Kaiser des 1871 auf dem Goslarer Thronsessel gegründeten zweiten Deutschen Reichs.

Diese gut erhaltene, gepflegte und prachtvoll präsentierte mittelalterliche Anlage zählt heute zusammen mit der Goslarer Altstadt zum UNESCO-Welterbe.

Nicht nur Heinrich III., auch seine Nachfolger kehrten immer wieder in die Kaiserpfalz zu Goslar zurück und schrieben hier ein Stück der Weltgeschichte.

Heinrich IV. (1050–1106), Canossa und die Harzburg

Die spektakulärste kaiserliche Lebensgeschichte bietet Heinrich IV. Als sein Vater Heinrich III. starb, war er erst sechs Jahre alt. Und ebenfalls schon zum König ernannt. Seine Mutter Agnes führte zunächst die Regierungsgeschäfte. Doch es mischten bald andere Kräfte mit, Bischof Anno von Köln ließ das Kind Heinrich entführen und in der eigenen Obhut aufwachsen. Vielleicht lag hierin die Ursache für den späteren Zwist, die Heinrich IV. mit Vertretern der Kirche ausfocht. Oder sie lag in dem Blutbad, das er als Dreizehnjähriger beim Pfingstfest 1063 im Goslarer Dom miterleben musste, als zwei Kirchenvertreter in einen Streit über die Sitzordnung gerieten, der in einem halbtägigen blutigen Gemetzel mündete.

Volljährig geworden, erhielt er die Herrscherinsignien. Er kehrte in den Harz zurück. Der dortige Silberreichtum er-

Die Canossasäule erinnert an den Bußgang des gebeutelten Harzer Kaisers Heinrich IV. zu Papst Gregor VII. nach Canossa.

möglichte es ihm, mehrere Burgen zu errichten, u. a. die Harz-burg auf dem Gipfel des Burgbergs (heute der Hausberg von Bad Harzburg).

Der Burgenbau ärgerte die Sachsen, sie griffen die Harz-burg an, Heinrich entkam durch einen Geheimgang ihrer Be-lagerung, griff von hinten an und siegte. Kaum war dieser Zwist entschieden, meldete sich Papst Gregor VII. aus Rom und verlangte von Heinrich IV. unbedingten Gehorsam, den dieser verweigerte. Daraufhin wurde der junge König vom Papst exkommuniziert – aus der Kirche verbannt. Dies war bis dahin undenkbar gewesen. Der Papst entband den sechsund-zwanzigjährigen Heinrich IV. von seiner Herrschaft über das Reich und löste alle Christen von dem Eid, den sie auf den Kö-nig geleistet hatten. Die gravierende Folge war: Alle Fürsten im Reich verweigerten dem König die Gefolgschaft.

Berühmt geworden ist Heinrichs Gang über die Alpen bis nach Canossa, er musste beim Papst Abbitte leisten, um seine volle Handlungsfreiheit zurückzuerlangen. Der Weg nach Ca-nossa war schwierig, Unterstützer des Papstes behinderten den Gang, doch Heinrich hatte auch Befürworter, die sich ei-nen anderen Papst gewünscht hätten. Der Bußgang endete für Heinrich erfolgreich, er wurde vom Bann freigesprochen und behielt seine Königsmacht.

Die Canossasäule auf dem Bad Harzburger Burgberg erin-nert heute noch an dieses Ereignis. Ebenso der Spruch: »Dies ist ein Gang nach Canossa«, wenn eine Person eine andere un-ter unangenehmen Umständen um Verzeihung bitten muss.

Doch die Fürsten um Heinrich IV. rebellierten weiter, weil sie nun einmal damit angefangen hatten. Heinrich IV. zog da-raufhin zum zweiten Mal nach Italien. Diesmal war er nicht in Büßerstimmung, sondern hatte vor, den unbequemen Papst aus dem Amt zu verjagen, was ihm auch gelang. Und nun war es Papst Gregor VII. selbst, der exkommuniziert wurde. Des-sen Nachfolger im Amt krönte Heinrich IV. in der Peterskirche zum Kaiser.

Einige Jahre vergingen, Heinrich IV. stritt wieder einmal gegen die Kirche und wurde ein zweites Mal exkommuniziert. Heinrichs Sohn Heinrich V. wuchs auf und wurde der Anführer einer Gruppe junger Fürsten, die den alten Kaiser entmachten wollten. Und so turbulent schon die Kindheit Heinrichs IV. war, so endete auch sein Leben. Er wurde von seinem eigenen Sohn Heinrich V. auf die Burg Böckelheim gelockt, dort gefangen genommen und gezwungen, die Reichsinsignien herauszugeben. Dies alles geschah, doch dem einstigen König gelang ein weiteres Mal eine spektakuläre Flucht. Erfahrungen damit hatte er ja schon auf der Harzburg gesammelt. Allerdings starb er, bevor der Kirchenbann von ihm genommen war. Sein rebellischer Sohn herrschte fortan als König.

Heinrich V. (1081–1125) stritt sich wie auch sein Vater mit Kirche und Fürsten, er nahm Papst Paschalis II. gefangen und erzwang seine Kaiserkrönung, die Fürsten entzogen ihm mehr und mehr ihre Unterstützung. Und auch Heinrich V. wurde vom Papst exkommuniziert; die Hemmschwelle dafür schien gesunken zu sein. Er erreichte die Aufhebung des Bannes allerdings ohne Bußgang. Stritt weiter mit Gott und der Welt, blieb aber Kaiser bis zu seinem Tod. Doch da er keine männlichen Nachkommen hatte, war Heinrich V. der letzte Kaiser aus dem Geschlecht der Salier. Die Herrschaft ging danach auf die Familie der Staufer über. Die Fürsten wählten ihren neuen König. Das war der Sachsenherzog Lothar III. Als König und späterer Kaiser wählte er die Süpplingenburg zwischen Helmstedt und Königslutter zu seinem Stammsitz. Sein Nachfolger wurde der Staufer Konrad III. und dem wiederum folgte der Spross eines anderen Stauferzweiges: Friedrich I., genannt Barbarossa.

Kaiser Friedrich Barbarossa (1122–1190)

Barbarossa schaffte es, die weltlichen Fürsten zu seinen Verbündeten und sich selbst zum obersten Lehensherren des Reiches zu machen. Bestimmte Gruppen übernahmen in dieser sich neu bildenden Gesellschaft bestimmte Aufgaben: Ritter boten Schutz, Geistliche sorgten für das Seelenheil, Bauern erwirtschafteten die Lebensmittel. Barbarossa reiste auch einige Male durch den Harz und hielt sich in den Pfalzen Tilleda und Goslar auf.

Dann geschah es, dass Jerusalem vom ägyptischen Sultan Saladin erobert wurde. Papst Gregor VIII. rief den Kaiser zum

Kreuzzug auf. Ein Sterndeuter warnte Barbarossa: Wenn er ins Morgenland einmarschiere, werde er den Tod durch Ertrinken finden. Barbarossa mied daher den Seeweg und auf dem Lande nach Osten, um die Heilige Stadt Jerusalem aus den Händen Saladins zu befreien. Doch am Fluss Saleph kam es zur Katastrophe: Barbarossa ertrank, als er ein kühlendes Bad im Strom nehmen wollte. Des Kaisers Tod war so ungewöhnlich und plötzlich, dass die Legende entstand, Kaiser Barbarossa sei gar nicht gestorben, sondern schlafe in den Tiefen des Kyffhäusers, solange die Raben um den Berg flögen.

Barbarossas Sohn Heinrich wurde neuer Kaiser, nach ihm regierte mit Otto IV. der erste und einzige Welfe, diesem folgte Friedrich II. – der letzte Kaiser, der in der Kaiserpfalz Goslar Reichstage abhielt.

Schloss Wernigerode

Schloss Wernigerode war ursprünglich eine Burg, gebaut dafür, die deutschen Kaiser bei ihren Jagdausflügen in den Harz zu beherbergen. Sie wurde stetig aus- und umgebaut. Im späten 17. Jahrhundert begannen die Grafen zu Stolberg-Wernigerode, den Ort zu einem romantischen Residenzschloss in Form einer Rundburg auszubauen. Als Vizekanzler des Deutschen Reiches und Stellvertreter Bismarcks war Graf Otto zu Stolberg-Wernigerode (1837–1896) ein besonders populäres Mitglied der Grafenfamilie und Bewohner des Schlosses bis zu seinem Tod. Der wollsackverwitterte Ottofelsen in den umliegenden Harzbergen wurde nach ihm benannt. Der Graf beauftragte 1862 den Architekten Carl Frühling, das Schloss weiter auszubauen. Es wurde zu einem Leitbau des norddeutschen Historismus, ein Schlossensemble mit großer Fernwirkung und erheblichem Formenreichtum, umgeben zudem von drei dazugehörigen Parkanlagen mit Orangerie, Tiergarten, Lust- und Terrassengarten. Im Schreibzimmer des Schlosses entwarf Graf Otto die Stolberger Sozialgesetzgebung, wodurch in der Grafschaft erstmals Arbei-

◣ Einst Burg, dann Schloss – mit Türmen und Türmchen.

▸ Blick vom Schloss Wernigerode auf die Dächer der Stadt – mit dem Brocken links oben in der Ecke.

84

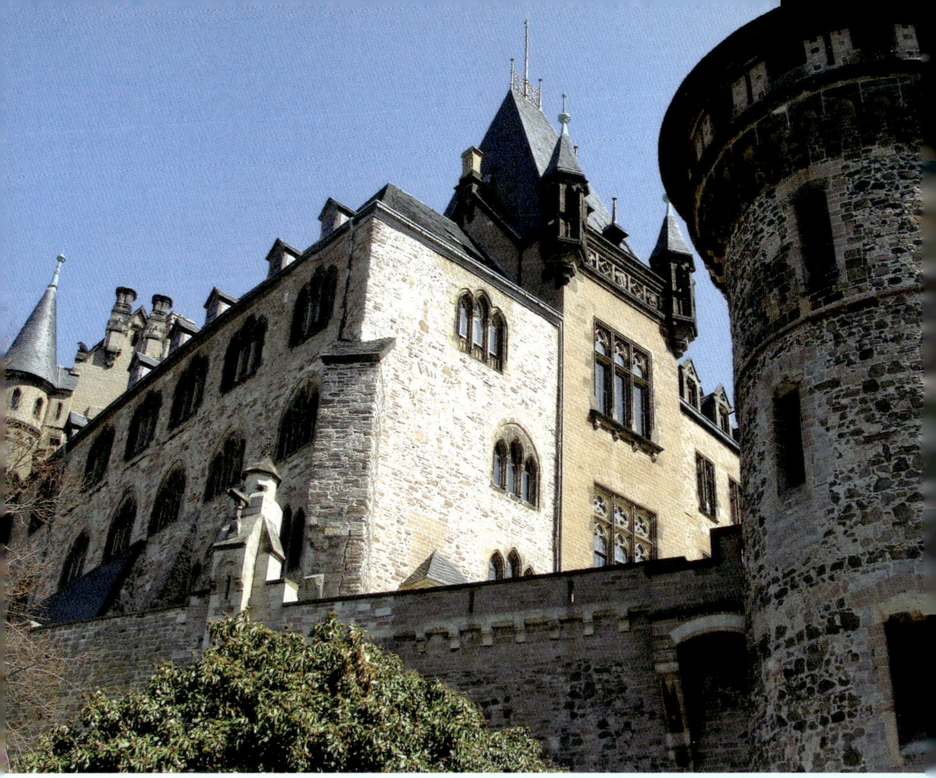

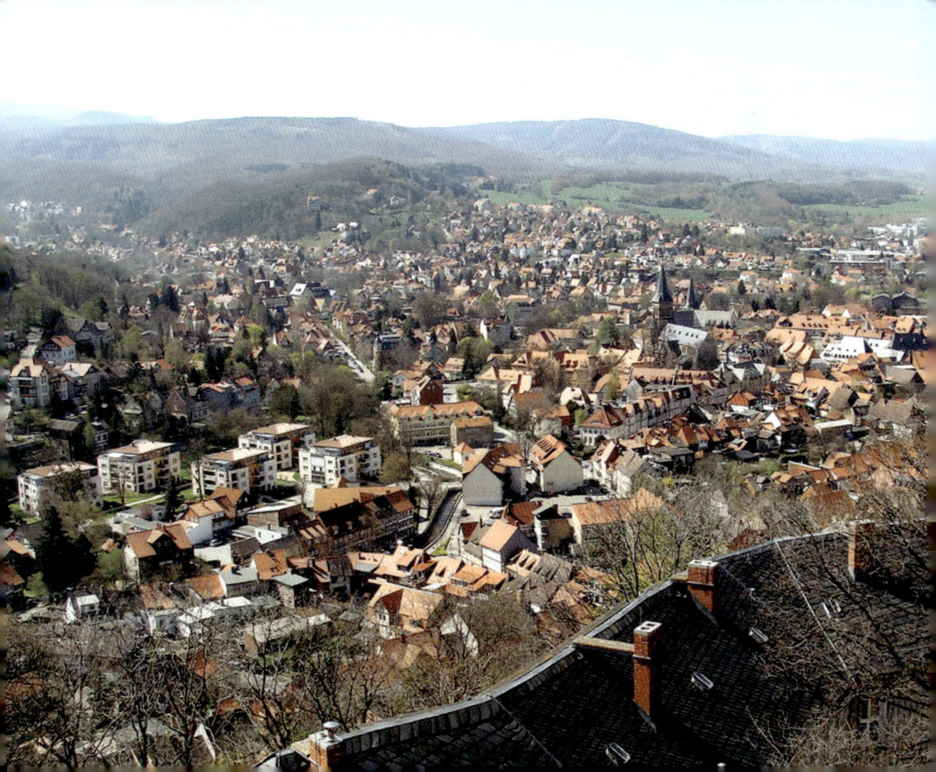

terkrankenkasse, Pensionskasse und Unfallversicherung eingerichtet wurden.

Hoch über der Stadt prangt dieses Schloss wie ein Märchentraum und ist schon von Weitem zu sehen. Heute ist es ein Museum, der Blick von seinen Wällen in die umgebende Stadt hinunter ist atemberaubend schön.

Schloss Allstedt, Thomas Müntzer und Goethe

Auch Allstedt bei Sangerhausen im Südharz war einst Kaiserpfalz, die Lieblingspfalz von Kaiser Otto II. und auch noch von Kaiser Friedrich Barbarossa 1188 für einen letzten großen Reichstag genutzt. Mit dem Ausbleiben der Königsbesuche schwand die Bedeutung der Stätte. Das Schloss wechselte mehrmals die Besitzer. Im 16. Jahrhundert ließ Kurfürst Friedrich der Weise von Sachsen die Burg zu einem Barockschloss umbauen. In den Jahren 1523/24 arbeitete Thomas Müntzer (1489–1525) als Prediger in Allstedt und prägte den Ort mit seiner Auffassung der Reformation Luthers, die so allerdings nicht in Luthers Sinne war. Eine Gedenkstätte im Schloss erinnert an Thomas Müntzer.

Nach dem Bauernkrieg übernahmen Mansfelder und Stolberger Grafen das Schloss. Johann Wolfgang von Goethe war in diesem Schloss als Berater und Minister in der Regierung des Herzogs Carl August von Sachsen-Weimar-Eisenach tätig, kümmerte sich um Wegebau, Forstwirtschaft, Rekrutierung von Soldaten und um die Pferde und schrieb die ersten drei Akte seiner *Iphigenie*.

Heute sind in dem Schloss mehrere Ausstellungen untergebracht. Die Themen sind: Zeitgeschichte, Jagd, Thomas Müntzer, Goethe, eine Eisenkunstgussausstellung aus Mägdesprung u. a. Es gibt diverse museumspädagogische Angebote, Führungen und kulturelle Veranstaltungen für Erwachsene und für Kinder.

Wenn auch nicht ganz so bekannt wie Friedrich Barbarossa oder Goethe, so hat der Harz doch noch weitere historische Persönlichkeiten und Orte zu bieten:

Albrecht der Bär (1100–1170), Graf von Ballenstedt

Albrecht der Bär gehörte dem Geschlecht der Askanier an, die das anhaltinische Fürstenhaus gründeten. Albrecht selbst war Markgraf der Nordmark und Gründer der Mark Brandenburg. Er lag ihn jahrelanger Fehde mit dem Welfen Heinrich dem Löwen, bis Barbarossa die beiden zum Frieden zwang.

Albrecht der Bär residierte hauptsächlich in Aschersleben und im Schloss Ballenstedt, wo er nach seinem Tod auch bestattet wurde. Er war es auch, der die Burg Anhalt auf dem Großen Hausberg im Selketal wiederaufbauen ließ, deren Ruine heute noch besichtigt werden kann, sowie auch ein Modell der Burg in Ballenstedt. Im Gegensatz zur Burg wurde das Schloss in Ballenstedt später weiter ausgebaut und diente der Familie von Anhalt Anfang des 20. Jahrhunderts als Wohnsitz.

Mein Besuch des Schlosses Ballenstedt, DDR 1980

Eine schnurgerade Allee schlafender Kastanienbäume führte uns den Berg hinauf zum Schloss. Mir wurde bei all dem nachweihnachtlichen Frost langsam kalt und kälter. Meine Eltern dagegen waren fröhlich und stapften durch die menschenleere Straße auf das Schloss zu. Mein Vater erzählte etwas vom alten Adel, von den Askaniern, die das Schloss einst bewohnten. Das hölzerne Schlossportal war unverschlossen und wir konnten in den Schlosshof gelangen. Ansonsten waren alle Türen und Fenster fest verriegelt. Das Schloss war kein Schloss mehr, sondern eine Schule, die »Ingenieurschule für Forstwirtschaft«. Es war Ferienzeit und alles war einsam und verlassen, der schöne Terrassengarten lag in einem frostigen Schlaf, der Schlossteich war zugefroren, alle Brunnen waren leer. Mein Vater sagte, der berühmte Gartenkünstler Peter Joseph Lenné habe den Garten entworfen. Das alles interessierte mich weniger, wurde es doch empfindlich kälter.

Doch mein Vater stapfte unverdrossen weiter um das Schloss herum bis zu den riesigen Türmen einer ehemaligen romanischen Klosterkirche, die in den Schlossbau integriert waren. Inzwischen war es ganz und gar dunkel. Vom Portal her drang ein Lichtschein vage zu uns vor. Ich lief los, denn dort, wo Licht war, da musste auch Wärme sein. Gleich neben dem hölzernen Eingangsportal stand ein schönes Gebäude, das Schlosstheater. Durch die Fenster schien Licht und doch waren der Platz und die Allee menschenleer. Ich klopfte an die Tür. Ein Mann öffnete sie. Er trug ein blaues Samtjackett, ein weißes Hemd mit einem hohen Kragen, um den kunstvoll ein dunkelblaues Seidentuch gebunden war ... Stimmengewirr drang zu uns, ebenso Musik und Gelächter. »Kommen Sie herein«, sagte der Mann und winkte uns mit der Hand, »hier draußen erfrieren Sie ja.« Meine Eltern zögerten, doch ich stapfte einfach durch die Tür, hinein ins Warme. Da kamen sie dann auch und staunten: Das Foyer war voller Menschen, alle festlich nach der Mode des 19. Jahrhunderts gekleidet. Der Mann im blauen Jackett gab uns die Hand. »Willkommen bei unserer kleinen nachweihnachtlichen Soiree. Ich bin Albert Lortzing, der Gastgeber, fühlen Sie sich wie Zuhause, wärmen Sie sich auf!« Er führte uns zu einer Staffelei, die mitten im Raum aufgebaut war. Eine Malerin stand dort, umgeben von Bewunderern. Sie portraitierte gerade einen ernst dreinschauenden rothaarigen Mann mit gewaltigen Bartkoteletten, der mit hochgeschlossenem schwarzem Mantel auf einem Hocker saß. »Das ist die Malerin Caroline Bardua«, sagte Albert Lortzing, »ihr Modell hier ist ihr geschätzter Kollege Caspar David Friedrich und der Mann neben ihr, der so stolz dreinblickt, ist ihr einstiger Lehrer Gerhard von Kügelgen.« Die drei Maler nickten zum Gruß. »Maler und Musiker, sie alle waren in Ballenstedt, haben dort gelebt oder gearbeitet oder Freunde besucht«, sagte mein Vater, »Caspar David Friedrich hat nicht nur die Kreidefelsen gemalt, sondern auch Ballenstedts Allee und den Brocken dahinter, das Bild heißt ›Gartenterrasse‹.« Lortzing wechselte das Thema: »Kommen Sie, ich spiele Ihnen etwas aus meiner neuen komischen Oper vor.« Er ging zu einem Klavier, das auf der anderen Seite des Raumes stand, und erzählte von seiner Oper. »Da verkleidet sich der russische Zar Peter als Zimmermann, um in einer deutschen Werft den

Schiffsbau zu erlernen. Dort aber gibt es einen Zimmermann, der auch Peter heißt und die beiden werden bald gründlich verwechselt. Besonders der Bürgermeister irrt sich gewaltig, obwohl er von sich das Gegenteil behauptet.« Schon saß der Musiker am Klavier und spielte den ersten Akkord und sang: »Oh, ich bin klug und weise und mich betrügt man nicht ...«

Hell perlten die Klaviertöne durch den Raum. Nicht nur Albert Lortzing hatte in diesem Theater gespielt, auch Pianist Franz Liszt übte im selben Jahrhundert dort seine Kunst aus. Die Erinnerung an die Musik wärmte uns auf unserem Heimweg. Und sicher war es so, dass um Mitternacht all die Lichter verblassten und verschwanden. Sie waren Vergangenheit, genauso wie der Askanier-Fürst Albrecht der Bär und dessen einst mächtige Burg Anhalt, auf dem Großen Hausberg oberhalb des Selketals zwischen Harzgerode und Meisdorf, von der heute nur noch Fundamente und Reste zu sehen sind.

Und auch die Ingenieurschule für Forstwirtschaft ist inzwischen Vergangenheit. Sie verschwand nach der Wende mit dem Ende der DDR. Heute ist das barocke Schloss eine Touristenattraktion. Es befinden dort die Ausstellung »Die frühen Askanier«, das Grab Albrechts des Bären und seiner Frau Sophie, das »Römische Zimmer«, ein Filmmuseum sowie für Trauungen der »Weiße Saal« und die Schlosskirche. Der Park erstrahlt in frischer Pracht mit Drachenfontaine und gusseisernen Löwen. Und im alten Schlosstheater öffnet sich noch immer der Vorhang für Theatergastspiele, Kabarett- und Konzertveranstaltungen.

Kleines und Großes Schloss Blankenburg und Burg Regenstein

Um 1123 ließ König Lothar von Süpplingenburg, späterer Kaiser, auf dem Blankenstein das Schloss Blankenburg erbauen; schon wenige Jahre darauf erhielten die fränkischen Grafen der Reginbodonen dieses Schloss sowie die nahegelegene Burg Regenstein als Lehen. Mit dem Aussterben des Regensteiner Grafengeschlechts kam das Schloss Blankenburg später an die Herzöge von Braunschweig. Der Regenstein dagegen wurde preußisch besetzte Enklave im sächsischen Harz.

Das Blankenburger Schloss über den Fachwerkhäusern von Blankenburg. Noch gibt es einiges zu sanieren, doch inzwischen kann es wieder besichtigt werden.

1705 wurde das Blankenburger (Große) Schloss mit einem prächtigen Barockgarten und dem dazu passenden Gartenhaus (dem sogenannten Kleinen Schloss) zur barocken Residenz ausgebaut.

Im Jahr 1798 floh ein Franzose vor dem Zugriff Napoleons und fand für

zwei Jahre im Schloss Blankenburg ein sicheres Exil. Er kehrte nach dem Ende der napoleonischen Herrschaft in seine Heimat zurück, wurde dort im Jahr 1814 zum französischen König gekrönt und nannte sich fortan Ludwig XVIII.

Zu DDR-Zeiten war im Blankenburger Schloss die Fachschule für Binnenhandel untergebracht. Ich erinnere mich an ein Dixieland-Festival im prachtvoll angelegten, skulpturenreichen Barockgarten beim Kleinen Schloss. Die Kulisse war wunderschön, all die kleinen Putten schienen mit ihren steinernen Füßen bei Easy Jazz und Swing zu wippen, gemeinsam mit dem musikbegeisterten Publikum.

Nach dem Ende der DDR verfiel das Schloss und blieb lange ohne Nutzung. Heute kümmert sich der Förderverein Rettung Schloss Blankenburg e. V. um die Sanierung und Schritt für Schritt wurde das historische Gebäude wieder für Besucher zugänglich gemacht.

Burg Regenstein und die Legenden um Albrecht II.

Um die Burg des Regensteiner Grafen Poppo I. von Blankenburg (1095–1164) und seines Nachkommen, Graf Albrecht II. (1293–1349), ranken sich Legenden und düstere Geschichte. Es heißt einerseits, Graf Albrecht II. sei ein Raubritter gewesen (Literaten wie Gottfried August Bürger und Julius Wolff haben ihn dazu gemacht, weil es so spannender wurde), andererseits sei er mit dem Bischof von Halberstadt in Streit um das Erbe der Grafschaft geraten. Die zweite Version wird heute als wahrscheinlicher angesehen. Es kam zu verschiedenen Kämpfen, bis Albrecht gefasst wurde. Der Legende nach wurde er dann nach Quedlinburg gebracht und dort von Juli 1336 bis März 1338 in einem hölzernen Kasten, dem Raubgrafenkasten, gefangen gehalten. Dieses Behältnis war ein fensterloser Würfel von ca. 2 x 2 x 1,5 Metern, wenn nicht gar noch kleiner – ein Foltergefängnis, wie es nur das Mittelalter hervorbringen konnte. Es kann bis heute im Schlossmuseum auf dem Quedlinburger Schlossberg betrachtet werden.

Albrecht II. wurde gezwungen, klein beizugeben. Nach zwei Jahren erst erlangte er die Freiheit wieder. Der Bischof von Halberstadt hatte seinen Willen durchgesetzt, was ihn nicht daran hinderte, Albrecht II. elf Jahre später von einem Attentäter ermorden zu lassen.

Im Laufe der Jahrhunderte ist die Burg Regenstein zu einer sensationellen Burgruine verwittert. Sie besteht aus Felsenhöhlen, die in den Sandstein geschlagen wurden. Diese Burg konnte kaum bezwungen werden. Sie war später noch einmal als ausgebaute Bergfestung lange Zeit eine preußische Enklave auf Braunschweiger Boden. In ihre Sandsteinfelsen sind die Schriftzüge von Menschengenerationen geritzt. Die Felsenhöhlen sind in ihrer ursprünglichen Form noch erhalten geblieben, von der gemauerten Burg sind noch Reste des Bergfriedes und das trutzige Eingangsportal zu sehen. Das Burgareal ist abenteuerlich, auf hohen Felsen gelegen, ein absolut sehenswerter Besuchermagnet und touristisch und gastronomisch bereits seit 1812 erschlossen. Regelmäßig werden hier Wikinger- und Ritterspiele veranstaltet, zudem gibt es eine

Der Raubgrafenkasten im Stift Quedlinburg.

Falknerei, in der die Kunst der Beizjagd mit den Greifvögeln trainiert und interessierten Besuchern präsentiert wird.

Die Burg Falkenstein

Einst war die Konradsburg bei Ermsleben Stammsitz der Edelleute von Konradsburg. Es heißt, dass dort ein gemeiner Mord geschehen sei. Im Streit hatte Egeno II. von Konradsburg im Jahr 1080 den Grafen Adalbert II. von Ballenstedt erschlagen, und die Strafe bestand darin, dass der Burgherr die eigene Burg zu einem Kloster umwandeln sollte. Aus der Konradsburg wurde somit ein Benediktinerkloster. Die Grafenfamilie verließ den Ort und zog ein Stück das Selketal hinauf, wo sie eine neue, noch trutzigere Burg bauten und fortan Falkensteiner waren.

Die Burg Falkenstein bei Meisdorf hat allen Feindesangriffen standgehalten, sie ist bis heute rundum erhalten geblieben mit Burgwällen, Wohnräumen, Bergfried sowie Burghof *Blick vom hohen Turm der Burg Falkenstein.*

und ein Museum geworden. Ein malerisches Relikt einer vergangenen Epoche mitten im Wald gelegen und für Wanderverdrossene von einer Bimmelbahn erschlossen. Hier träumen moderne Menschen von der Vergangenheit, entzünden Lagerfeuer, stimmen Minnegesänge an, veranstalten Ritterspiele und Ritteressen, kleiden sich in kneifige Baumwollhosen und weite Umhänge, drehen Märchenfilme. Auch einen Falkner gibt es hier, der mit unterschiedlichen Greifvogelarten das Jagdhandwerk der vergangenen Grafen weiter pflegt und dem Namen der Burg Ehre macht. Burgiger als diese kann eine Burg gar nicht sein.

Der berühmteste Burgbewohner wurde neben dem Burgherrn selbst einer der ritterlichen Gefolgsmänner: der Rechtsgelehrte Eike von Repgow (1180 – unbek.). Er erhielt von seinem Landesherrn, dem Grafen Hoyer von Falkenstein, den Auftrag, die Rechtsgrundlagen jener Zeit aufzuschreiben. Von Repgow verfasste daraufhin in auf Burg Falkenstein eines der bedeutendsten Bücher jener Epoche: den *Sachsenspiegel*, woran er von 1220 bis 1230 arbeitete. Es war das erste deutsche Rechtsbuch und eines der ersten Prosawerke in deutscher Sprache.

Schloss Stolberg und die Stolberger

Über den Dächern des Harzstädtchens Stolberg erhebt sich der Bergsporn mit dem Stolberger Schloss.

Von 1210 bis zur Enteignung durch die Bodenreform 1945 – über siebenhundert Jahre lang war Schloss Stolberg in Besitz der weitverzweigten Grafenfamilie zu Stolberg. Unzählige Territorien und Güter auch außerhalb des Harzes gehörten im Laufe der Zeit zum Besitz dieser Familie.

Ältester Bauteil des Schlosses ist der Rundturm aus der Zeit um 1200. Das Schloss wurde über die Jahrhunderte in den Baustilen der jeweiligen Zeit immer weiter ausgebaut, es besitzt Teile im Stil der Renaissance und ein klassizistisches Empfangszimmer nach einem Entwurf des Berliner Architekten Friedrich Schinkel, Gärten wurden angelegt, Deckengemälde verzieren das Innere.

Als erster urkundlich erwähnter Vertreter der Familie taucht in den Chroniken Graf Heinrich zu Stolberg auf, Wilhelm-Alexander, derzeit König der Niederlande und Prinz von Oranien-Nassau (geb. 1967), ist ein direkter Nachfahre der Grafen von Stolberg.

Der ertragreiche Bergbau im Harz, z.B. das Silber von Straßberg, und das Münzrecht trugen zur wirtschaftlichen Stärke der immer größer werdenden Familie bei. Die Stolberger Münzen sind erhalten geblieben und können im Stolberger Museum Alte Münze besichtigt werden.

Das 38 Meter hohe stählerne Josephskreuz auf dem Auersberg bei Stolberg ist ein Bauwerk der Industrialisierung und wurde von dem berühmten Baumeister Karl Friedrich Schinkel im Auftrag des Grafen Joseph zu Stolberg entworfen.

Otto Graf und Fürst zu Stolberg-Wernigerode (1837–1897) habe ich schon im Zusammenhang mit dem Ausbau des Wernigeröder Schlosses erwähnt, das seine Residenz war.

Am Ende des Zweiten Weltkriegs flohen alle Familienmitglieder der Stolbergs vor den sowjetischen Besatzungstruppen in die westlichen Zonen. Zu Zeiten der DDR wurde das Stolberger Schloss als FDGB-Ferienheim genutzt. Umbauten und zahlreiche Gäste veränderten die Anlage. 1990 ging das Schloss in den Besitz der Treuhand über, wurde verkauft, doch nicht richtig saniert, und stand beinahe zwanzig Jahre leer, bis es die Deutsche Stiftung Denkmalschutz übernahm und es allmählich sanierte. Seit März 2008 ist das Schloss als Denkmal und Kulturerbe für Besucher wieder zugänglich.

Schloss Herzberg und die Welfen

Schloss Herzberg auf seiner Berghöhe über Herzberg ist mit 180 Zimmern die größte Schlossanlage Niedersachsens, die in Fachwerkbauweise errichtet wurde. Von Kaiser Lothar III. von Süpplingenburg im 11. Jahrhundert als mittelalterliche Burg angelegt, wurde die Anlage in einem Gütertausch zwischen Friedrich Barbarossa und Welfenherzog Heinrich dem Löwen im Jahr 1158 Eigentum der Welfen. Diese bauten die Burg zu einem vierflügeligen Schloss aus. Das Schloss war ab

1290 Wohnsitz der welfischen Linie Braunschweig-Grubenhagen. Im Jahr 1714 wurde das Schloss als Residenz aufgegeben, seit 1852 ist es Sitz des Amtsgerichts Herzberg, 1900 wurde im Schloss ein Museum eingerichtet.

Heute wird es für kulturelle Veranstaltungen genutzt, es gibt ein Schlossrestaurant und im Museum werden die Schlossgeschichte und die der Welfen aufgezeigt, außerdem ist ein Faksimile des Evangeliars Heinrichs des Löwen zu sehen, dessen Original in Wolfenbüttel aufbewahrt wird. Weiter wird die Geschichte der Forstwirtschaft präsentiert, ebenso die Geschichte der Herzberger Gewehrmanufaktur und des Herzberger Orgelbauers Johann Andreas Engelhardt zusammen mit einer funktionsfähigen zweihundert Jahre

Schloss Herzberg – größtes Fachwerkschloss Niedersachsens.

alten Engelhardt-Orgel, auf der seit ihrer Wiederherstellung
Konzerte gegeben werden.

Die Roseburg

... bei Rieder (zwischen Ballenstedt und Gernrode) unterscheidet sich schon aufgrund ihrer Entstehung von allen anderen
hier aufgeführten Burgen. Sie ist die Schöpfung des Architekten Bernhard Sehring (1855–1941), ein steinernes Traumbild
von der Vergangenheit, von der Zeit der
Könige und ihrer Gefolgsleute (Genaue-
res zur Roseburg siehe auch S. 159f.).

*Die Roseburg – keine histori-
sche Burg, sondern ein
Kunstwerk.*

Kaisers Tochter allein zuhaus' – Mathilde von Quedlinburg

Eine Dreizehnjährige hält Hof und sorgt für Stadtentwicklung

Bei einem Quedlinburgurlaub mit meinen Eltern in den achtziger Jahren stiegen wir auch eines Tages den Schlossberg hinauf, bis wir die Bergkuppe mit dem Schloss und der romanischen Stiftskirche St. Servatius erreicht hatten, unter der heute wieder der Domschatz untergebracht ist, wertvolle Reliquien, die die ottonischen Herrscher gesammelt hatten. Er ist einer der bedeutendsten Schätze Deutschlands. Mein geschichtsbegeisterter Vater hielt meiner Mutter einen langen Vortrag über diese Schätze und über die Könige und Fürsten. »Damals scheint es keine Frauen gegeben zu haben«, sagte meine Mutter und gähnte ein bisschen. Ich konnte mir nicht vorstellen, dass sie Recht haben könnte, auch wenn es hieß, im Mittelalter habe der Klapperstorch die Kinder gebracht.

Das Museum im Schlosshof hatte geöffnet. Meine Eltern gingen hinein. Ich wollte nicht, ich hatte eine Bewegung gegenüber vom Eingang wahrgenommen. Dort hatte sich eine unscheinbare Holztür geöffnet. Ein Mädchen etwa in meinem Alter stand dort, es trug ein langes, schwarzes Kleid und eine Nonnenhaube. Es winkte mir zu, ich sollte ihm folgen. Ich ging also durch die Tür und stieg hinter dem Mädchen eine Treppe hinab. Es war eiskalt dort unten. Die Kleine zündete einen Kerzenleuchter an und wir gingen zu einer Krypta. Dort legte sie einen Tannenzweig nieder. »Hier liegen mein Großvater und meine Großmutter zu Grabe«, sagte das Mädchen. »Dann bist du die Enkelin eines Königs. Du bist Mathilde von Quedlinburg!« »Und ich bin auch die Tochter eines Kaisers, denn Otto I. ist mein Vater.« Sie klang nicht besonders glücklich. »Hat Dein Vater befohlen, dass du eine Nonne wirst?«, fragte ich. »Er hat mich vor zwei Jahren zur Äbtissin dieses freiweltlichen Stifts gemacht«, sagte das Mädchen. »Aber du bist doch gerade mal zwölf Jahre alt!« »Ich bin 13! Wir schreiben immerhin schon das Jahr 969«, sagte sie. »Ich bin verantwortlich für alle meine Schülerinnen hier, es sind die Töchter der Adligen, sie unterstehen meinem Schutz.« Ich blickte staunend in das Gesicht unter der strengen Tracht. Es hatte die feinen Züge eines Kindes, jedoch den Ausdruck einer Erwachsenen. »Außerdem weilt mein Vater gerade in Italien, und seit im vergangenen Jahr meine Groß-

Blick vom Schlossberg auf die roten Dächer von Quedlinburg und die daraus hervorzipfelnden Türme.

mutter, die heilige Mathilde, gestorben ist und in diesem Grab liegt, bin ich das einzige Mitglied des Kaiserhauses, das derzeit nördlich der Alpen verblieben ist. Meine Aufgabe ist es, Recht zu sprechen, die vielen Streitigkeiten unter den Fürsten zu schlichten, Kriege zu verhindern, Bündnisse zu schließen und zu pflegen, das Land zu beschützen.« »Das ist viel für ein dreizehnjähriges Mädchen«, sagte ich. »Unsereins muss in diesem Alter zur Schule gehen, seine Hausaufgaben machen und ab und zu den Müll raustragen.« Sie nickte nur. »Ich habe ein Buch«, sagte sie, »Widukind von Corvey hat es für mich geschrieben, damit ich die richtigen Entscheidungen treffe.« Sie führte mich aus der Krypta hinaus, hinauf in ihr Arbeitszimmer, wo auf einem Lesepult ein dickes, handgeschriebenes Buch lag. »Das ist das Buch Res gestae Saxonicae, *die Sachsengeschichte«, sagte Mathilde von Quedlinburg, »das und meinen Verstand habe ich, um meine Aufgaben zu erfüllen.« Da verbeugte ich mich ein bisschen vor der Königstochter. Ich fand, das hatte sie verdient, bei dem, was sie schon leisten musste. Als ich mich wieder aufrichtete, hörte ich die Stimmen meiner Eltern, die ja das Museum besichtigten. Sie waren kein bisschen verwundert, als sie mich in dem Raum fanden. Das Mädchen Mathilde war verschwunden.*

Bevor es dunkel wurde, verließen wir das Gebäude, um von der Wallmauer zur Stadt hinunter zu schauen. Staunend standen wir und blickten auf die Dächer von Quedlinburg hinab. Überall ragten Türme auf, Kirch- und Wehrtürme, Sternkiekerturm, Gänsehirtenturm, Pulverturm u. a. ... wie Riesen, die über die Stadt wachten, Hüter der Häuser und Menschen seit tausend Jahren.

Mathilde (955–999) war die erste Äbtissin auf dem Stiftsberg in Quedlinburg. Kaiser Otto I. war ihr Vater, der nächste Kaiser Otto II. ihr Bruder und der übernächste, Otto III., ihr Neffe. Sie brachte ihren Bruder dazu, dass er der Stadt Münz-, Markt- und Zollrecht einräumte. Daraufhin begann die Stadt zu wachsen, Händler ließen sich nieder, neue Häuser und Straßen wurden gebaut. Mathilde galt als klug und war eine der mächtigsten Frauen des Reiches. Ihr Neffe Otto III. fragte sie um Rat und übertrug ihr während seiner Italienreise die Regentschaft über das Reich. Es war ja nicht das erste Mal: Als Dreizehnjährige hatte sie schon vier Jahre lang die Aufgabe bewältigen müssen, das Reich zu verwalten. Auch diesmal regierte sie es klug, und ihr gelang es, den Frieden zwischen den hitzköpfigen Fürstenhäusern zu bewahren. Sie muss große Durchsetzungskraft besessen haben, denn die Fürsten akzeptierten nicht jeden an der Spitze des Reiches. Doch Mathildes Wort hatte bei ihnen so viel Gewicht, dass sie einige Krisen abwenden konnte. Mathilde starb mit nur 44 Jahren und wurde wie ihre Großeltern in der Stiftskirche von Quedlinburg beigesetzt.

Am Finkenherd 1, einer der ältesten Teile von Quedlinburg.

Vom Zwergenhäuslein zum Prunkschloss

Fachwerkbau im Harz –
Bauweise, Schnitzereien, Inschriften

Fachwerk im Harz

In vielen Harzorten gibt es ausgesprochen schöne Häuser zu bewundern. Einen Sonderstatus nehmen hier die Fachwerkhäuser ein. Es ist eine Bauweise mit sechshundertjähriger Geschichte, die heute bei Neubauten jedoch nicht mehr oder kaum angewendet wird. Fachwerk im Harz – das sind oft kleine individuelle Wohnhäuschen, mit Schnitzereien liebevoll verziert, aber ebenso große Prachtbauten, Patrizierhäuser, Rathäuser und Schlösser.

Einige Harzstädte sind besonders wegen ihrer schönen Fachwerkhäuser berühmt. Dazu gehören Stolberg, Quedlinburg, Wernigerode und Goslar.

Stolberg

Stolberg ist herausragend im Verhältnis von Stadtgröße und Fachwerk. In dem Ort mit ca. 1 300 Einwohnern steht tatsächlich ein Fachwerkhaus neben dem anderen. Nahezu lückenlos und als vorherrschende Bauweise fügen sich in langen Straßenzügen vielfarbige Spitzgiebelhäuser, gemustert in Holzkarrees, Schnitzwerk und Putz aneinander.

Kurios ist die Anpassungsfähigkeit des Fachwerks an die Gegebenheiten – sie können einfach um die Kurve bergauf und bergab angepasst werden. In Stolberg sieht man solche Kurvenhäuser z. B. in der Rittergasse, aber auch das Rathaus ist eines davon.

Das Rathaus von Stolberg ist ohnehin etwas Besonderes. Es besitzt keine Innentreppen. Die oberen Etagen lassen sich

nur über eine Außentreppe
erreichen. Zum anderen ist es
mit einer wunderschönen auf-
gemalten Sonnenuhr verziert
sowie mit gerahmten Innungs-
zeichen der Handwerker: der
Bergmänner, Fleischer, Bäcker,
Blechner, Maler, Jäger und
Förster, der Schmiede, Ker-
zenzieher, Sattler, Schuhmacher, Stellmacher, Weber, Mau-
rer und Tischler.

Vor dem Rathaus steht
ein Denkmal für den Bauern-
führer Thomas Müntzer, auf-
gestellt 1989 anlässlich seines 500. Geburtstags.

Das älteste Stolberger
Fachwerkhaus ist das Museum Altes Bürgerhaus, Rittergasse 14, gebaut im Jahr 1450
auf einem Natursteinsockel
mit weit überkragendem
zweitem Stockwerk und Wa-
benfenstern.

Die kräftigen Stützbalken
weisen eine deutliche Bie-
gung in der Mitte auf. Das
Haus mit seinen Butzenglas-
scheiben ist schief und knar-
zig, aber stabil, es besteht
aus biegsamem Material. In
dem Gebäude ist eine Aus-
stellung zu den Lebensver-
hältnissen der dort lebenden
Handwerker mit Einrichtungs-

Museum Alte Münze in Stolberg.

Einfach um die Kurve gebaut und die Innentreppen weggelassen: das Stolberger Rathaus mit Sonnenuhr.

Inschrift an der Museums-Taverne in der Rittergasse in Stolberg.

gegenständen vorwiegend aus dem 16. Jahrhundert untergebracht.

An einigen Stolberger Häusern sind noch schöne Inschriften
zu finden, so z. B. im Reichen Winkel, recht unterschiedlicher
Natur, wie die folgende Beispiele belegen: »Dies Haus ist mein
und doch nicht mein. Der vor mir war, sagt auch 's wär sein.
Man trug ihn hinaus, ich kam herein, nach meinem Tod wird's
auch so sein«, »Carpe diem et respice finem« oder »Ich trau und
bau auf meinen Gott, Christoff Ludewig Hentzen, Anno 1704«.

Quedlinburg

Quedlinburg verdankt seinen über 1 200 Fachwerkhäusern
den UNESCO-Weltkulturerbe-Status. Die Stadt ist eines der
größten Flächendenkmale Deutschlands. Fachwerkhäuser aus
sechs Jahrhunderten aus allen Stil- und Zeitepochen sind hier
zu finden. Ob in mittelalterlicher Ständerbauweise, aus spätgotischer Epoche, im niedersächsischen Stil, aus Renaissance,
Barock, Rokoko oder Klassizismus – in Quedlinburg sind all
diese Epochen an den Häusern abzulesen. Es gibt sogar einen
Quedlinburger Sonderstil mit Erkern und schräg angeschnit-
tenen Balkenköpfen (genannt Diamantschnitt).

Das älteste Fachwerkhaus in Quedlinburg ist passender-
weise das Fachwerkmuseum in der Wordgasse 3 in der historischen Altstadt.

Dieses Haus wurde im Jahr 1310 noch in der Ständerbauweise errichtet – mit vertikalen Balken vom Sockel bis zum
Dach. Ein Großteil dieser Balken aus Fichtenholz hat die Jahrhunderte überstanden. Bis 1965 war das Haus noch bewohnt,
jetzt ist es ein Museum.

Schöne Fachwerkhäuser sind auf dem Steinweg, in der Ball-
straße, Kaiserstraße, der Straße Augustinern, der Pölkenstraße
und am Mathildenbrunnen zu sehen, ebenfalls hervorzuheben
sind die Häuser am Finkenherd und am Marktplatz.

Das Haus der Städteunion (Celle, Hameln, Hannoversch
Münden, Herford und Quedlinburg) aus dem Jahr 1576 ist ei-
nes der bedeutendsten Renaissancehäuser Quedlinburgs. Die
Brüstungsbohlen sind mit Fächerrosetten verziert und neh-

Der Platz Finkenherd 1, bis auf Stühle, Tische original mittelalterlich.

men so viel Raum ein, dass die Fachwerkständer kaum noch auffallen. Einst arbeiteten Weißgerber in dem Gebäude, später ein Speckschlächter und ein Fleischer. Im Hof steht noch ein historischer Hausbrunnen.

Das Klopstock-Haus, Schlossberg 12, ist das Geburtshaus des Dichters Friedrich Gottlieb Klopstock, der seinerzeit häu-

figer gelesen wurde als Goethe und Schiller. Heute ist es ein Literaturmuseum.

Ein weiteres städtebauliches Kleinod, gleich ein ganzes Viertel, ist der Münzenberg. Auf der nahegelegenen Anhöhe, direkt gegenüber dem Schlossberg, stiftete 986 Äbtissin Mathilde für das Seelenheil ihres früh verstorbenen Bruders, Kai-

▲ *Das Klopstock-Haus.*

◥ *Café am Hoken gleich neben dem Rathaus.*

ser Otto II., das Marienkloster. Bis zu den Unruhen des Bauernkrieges 1525 lebten hier Benediktinerinnen, nach den Plünderungen verfielen die verlassenen Gebäude. Jahrzehnte später wurde der Münzenberg von Bettelmusikanten, Hausierern, Kesselflickern und Scherenschleifern neu besiedelt. Die Reste des ehemaligen Klosters verschwanden im Gewirr winziger meist zweistöckiger Fachwerkhäuschen, 65 an der Zahl, die bis heute den besonderen Charme des Münzenberges ausmachen. Steile Treppen und gepflasterte Wege, Blumentöpfe vor den Haustüren schaffen eine besondere Atmosphäre, als sei man in südländischen Regionen unterwegs. Autofreie Straßen verstärken den Eindruck des Besonderen. Eine hohe Mauer begrenzt die östliche Seite. Wer hier sitzt, genießt eine besondere Aussicht auf die Stadt Quedlinburg.

Nicht zu vergessen ist auch der Adelshof Quedlinburg in der Wordgasse 4, ein ganz besonderer Ort, einstmals genutzt als Handelshof. Auffällig ist der Taubenturm im Inneren des Hofes. Die Anlage wurde nach und nach saniert.

Es handelte sich früher um einen Freihof, den es schon im Jahr 1224 gab. Dieser gehörte zunächst dem Stift Quedlin-

burg, der den Hof als Lehen an den Grafen Hoyer von Falkenstein vergab. Später ging er an die Grafen von Regenstein,
die ihn dann wieder an die Stadt Qued-

*Der Adelshof Quedlinburg
mit Café und Taubenturm in
der Mitte.*

linburg verkauften. Viele weitere Besitzer folgten, u. a. die
Samenzüchterfamilie Sperling, zu DDR-Zeiten stand der Hof
dann über zwanzig Jahre lang leer, wurde jedoch nach der
Wende von den neuen Eigentümern mit Hilfe des Bürgerver-
eins Quedlinburg saniert. Heute ist der Hof Veranstaltungsort
von Ritterfesten und Drehort für mittelalterliche Filme; ein
Café, Restaurant und Fremdenzimmer stehen nach Abschluss
der Sanierung für Gäste ebenfalls zur Verfügung.

Das **Deutsche Fachwerkzentrum Quedlinburg e. V.** hat
seinen Sitz in der Blasiistraße 11 in einem barocken Fachwerkhaus und ehemaligen Kaufmannshof. Es berät u. a. Haussanie-
rer individuell, bietet Seminare und Jugendprojekte an, stellt
Fachwissen und Fachliteratur zur Verfügung.

Für die Besucher, die sich nicht nur durch das Gewirr der
Gassen mit ihren Bauten treiben lassen wollen, gibt es einen
Fachwerk-Lehrpfad durch Quedlinburg, der einen epochen-
orientierten Rundgang möglich macht.

Goslar

Ebenfalls zum UNESCO-Weltkulturerbe gehört die Goslarer Innenstadt mit einem beeindruckenden Fachwerkensemble. Manche Gasse ist noch so erhalten, wie sie vor sechshundert Jahren gewesen sein mag – mit holprigem Pflaster und eng aneinandergekuschelten Fachwerkhäuschen mit niedrigen Türen. Ja, damals waren die Menschen noch kleiner als heute – das muss einfach so gewesen sein, wenn man die Häuslein so betrachtet. Doch sie sind auch heute noch bewohnt, liebevoll saniert und mit geschnitzten und vergoldeten Inschriften von den Dachbalken her mit dem Betrachter kommunizierend. Goslar ist auch die einzige Stadt, die ich kenne, in der neben den Fachwerkhäusern auch zipflige, schieferverkleidete Häuschen stehen, mit hohen sich hier- und dahin neigenden Dächern, ebenfalls aus Schiefer oder auch kombiniert mit Fachwerk. Wie Zwerglein mit grauer Zipfelmütze sehen manche dieser Häuser aus. Oft sind sie umgeben von der berauschenden Blütenpracht ihrer Gärten, wie z. B. in der Neuen Straße, malerischer geht es nicht.

Einige der besonderen Fachwerkhäuser in Goslar sollen hier noch vorgestellt werden.

Das sicher imposanteste Gebäude an Goslars ältestem Platz, dem **Schuhhof**, ist das ehemalige Gildehaus der Schuhmacher. Unter seinen Arkaden befinden sich heute kleine Geschäfte und ein Eiscafé. Links davon schließt sich eine ganze Reihe von interessanten, oben prächtig hervorkragenden Fachwerkhäusern an. Diese barocken Häuser sind drei- bis viergeschossig, malerisch und repräsentativ, mit geschnitzten Abwehrgesichtern, die die Zunge herausstrecken oder die Zähne blecken, die Fenster sind blumengeschmückt, in den Erdgeschossetagen sind zum Platz hin Cafés und kleinen Läden eingerichtet. Das Haus Schuhhof 8 vereinigt in Richtung Platz hervorragende Elemente der Gotik mit solchen der Renaissance, wie sich an den Giebelverzierungen mit Metallornamenten zeigt. Eine der tröstlichen Inschriften auf den Schwellbalken lautet: »Also hatt Gott die Welt geliebet das er seinen einigen Sohn gab. Auff das alle die an Ihn Gleuben nicht verlorn werden sondern das Ewige Leben haben.«

Die Häuser **Am Weißen Schwan** und **Alte Münze** in der Münzstraße sind weitere der altehrwürdigen Gebäude, die

Der Schuhhof in Goslar: der älteste Platz der Stadt.

sensibel restauriert und heute zusammenhängend als Hotel fungieren. Der Name »Alte Münze« bezieht sich auf die frühere Nutzung; hier wurden im 10. und 11. Jahrhundert schon die ersten Silbermünzen geprägt.

Das zugehörige Gebäudeensemble »Am Weißen Schwan« diente im Mittelalter als Ausspann – auswärtige Händler durften ihre Wagen nicht auf den Straßen abstellen und fanden bei den mehrtägigen Märkten in dem quadratischen Hof einen Platz für ihre Karren und zum Übernachten.

An den Fassaden dieser beiden Fachwerkhäuser können Besucher auf der Innenhofseite barocke Holzschnitzkunst bewundern, Fabelwesen – ein Pferd mit Fischschwanz, Nixen, langzungige Löwen ein Wappen bewachend, Drachenfische –, Pflanzenranken, Abwehrgesichter ...

Das **Brusttuch** Goslar, ein Haus mit überspitztem Giebel, wurde in den Jahren von 1521 bis 1525 erbaut, Bauherr war Magister Johannes Thiling, ein reicher Patrizier, dem Teile der umliegenden Bergwerke und Hütten gehörten und der die Tochter des Bürgermeisters Wegener heiratete – beide Wappen wurden an der Fassade des Hauses verewigt. Die Herkunft des ungewöhnlichen Namens »Brusttuch« ist unklar, man vermutet, es könne am dreieckigen Grundriss des Baugrundstückes gelegen haben, wobei das Haus eher die Grundform eines Trapezes aufweist. Das Erdgeschoss ist aus Stein, das Obergeschoss aus Fachwerk errichtet und mit reichen, überbordenden figürlichen Schnitzereien verziert. Eine Darstellung zeigt die Butterhanne – eine typische Goslarer Figur – beim Butterstampfen und wie sie sich dabei am Po kratzt. Eine andere Darstellung ist die des Dukatenmännchens, das die Dukaten wie der Goldesel aus dem Hintern fallen lässt – hier hat der Schnitzkünstler ein Motiv übernommen, das sich an einer Ecke des benachbarten Hotels Kaiserworth befindet. Darüber hinaus ist jeder Holzbalken und jede Holzfläche mit teilweise satirischen Figuren gefüllt, Rittern, Affen, barbusigen Hexen, Engeln, Teufeln, Ungeheuern, Wappen, Nixen, Bogenschützen, Engeln, Schweineköpfen, Bären und mehr.

Das Brusttuch war im Lauf der Jahrhunderte Wohn-, Armen- und Gasthaus. Heute ist es ein Hotel mit einem Stammtisch, den es seit hundert Jahren gibt, genannt »Die lange Bank«.

Das **Restaurant Butterhanne** im ehemaligen Gildehaus der Filzhutmacher kragt oben immer weiter hinaus. Goslar muss ein ähnliches Steuergesetz gehabt haben wie Quedlinburg, das nur die bebaute Grundfläche berechnete. Das gesamte Häuserensemble ist vom Sockel bis zum Giebel als Fachwerk erbaut worden. Bunt bemalte Fächerrosetten ziehen die Fassaden, mit Schnitzereien verzierte Windbretter sind in die Rahmenflächen über den Fenstern eingepasst.

Die **Peterstraße**, die bei der Frankenberger Kirche endet, gilt als eine der schönsten Gassen in Goslar, hier lebten ehemals die Bergleute. Noch immer ist sie mit Kopfstein gepflastert. An den Rändern der Straße drängen sich schiefe kleine Fachwerkhäuschen, mal nach rechts, mal nach links, nach vorn oder nach hinten gebogen vom Lauf der Zeit, von Wind und Wetter. Das ist der Vorteil der Fachwerkhäuser – das Holz in ihnen ist so gut verzapft, dass nichts umfällt.

Das **Siemenshaus** in Goslar, Schreiberstraße, Ecke Bergstraße, ist eines der größten und besterhaltenen Bürgerhäuser der Stadt, gebaut 1693 vom Kaufmann und Stadthauptmann Hans Siemens im spätbarocken Stil und mit dem für die

Das Bäckergildehaus, in einem ähnlichen Stil gebaut wie das Brusttuch und umgeben von weiteren Fachwerkhäusern.

Idyllisch: die Neue Straße in Goslar.

Stadt typischen Schieferdach. Das Haus wurde als Brauerei, Lagerhaus und Krämerladen genutzt. Über der Dälentür (Haustür) steht der benediktinische Spruch »ora et labora« – bete und arbeite.

Heute dient es als Stammhaus der weitverzweigten Familie Siemens, für Zusammenkünfte, Tagungen und als Ort für das Familienarchiv, wo Dokumente, Bücher sowie Bilder gesammelt werden und sich eine Büste von Werner von Siemens findet. In Goslar hat die Verwandtschaft des genialen Ingenieurs einige Epochen geprägt – vier Bürgermeister des Namens Siemens gab es in Goslar: Peter (1646–1733), Georg Heinrich (1659–1740), Stephan-Heinrich (1712–1795) und Johann Georg (1748–1807).

Abschließend noch ein besonderer Tipp: Ein von innen und außen erlebbares, besonders schönes altes Ackerbürger-Fachwerkhaus aus dem Jahr 1528 im gotischen Stil ist das **Mönchehaus** in der Mönchegasse 1. Schon die mit prächtigen farbigen Schnitzereien verzierte Eingangstür lässt innehalten. Motive der Schnitzkunst sind u. a. Putten und Greifvögel, die die Jahreszahl 1528 einrahmen, Wilde Männer mit Keule, Adam und Eva mit Kind, Groteskenschnitzerei und Pflanzenmotive, alles durch Rankmuster und -motive miteinander verwoben.

Das Innere hält eine Überraschung bereit. Dieses mittelalterliche Haus beherbergt seit 1978 Ausstellungen international bekannter zeitgenössischer Künstler. Hier ist der Ort, wo die Träger des Goslarer Kaiserrings ihre Kunstwerke präsentieren. Seit 1975 vergibt die Stadt Goslar einmal im Jahr diesen besonderen, international hoch angesehenen Preis, einen Ring mit goldgefasstem Aquamarin, in den das Siegel Heinrich IV. eingraviert ist. Erster Kaiserringträger war Henry Moore, dessen Skulptur »Goslarer Krieger« im Kaiserpfalzgarten zu sehen ist. Georg Baselitz, Joseph Beuys, Victor Vasarely, Gerhard Richter, Rebecca Horn, Anselm Kiefer, Nam June Paik sind weitere Preisträger. Ihre Werke prägen diesen Ort in gleichem Maße wie der Bau selbst. Besonders schön ist der Garten – voller Kunst, Skulpturen, Windspielen … selbst in den angrenzenden ehemaligen Wirtschaftsgebäuden finden sich Installationen. Regelmäßig finden Veranstaltungen in Haus und auch im Garten statt.

Wernigerode

Der Schriftsteller Hermann Löns nannte Wernigerode »die bunte Stadt am Harz« – wegen ihrer Fachwerkhäuser. Der Putz zwischen den Balken ist mal gelb, mal rot oder auch lindgrün. Die Schnitzereien leuchten in fröhlicher Bemalung. In all diesen Städten ist die Liebe zum Fachwerk deutlich zu sehen. In Wernigerode ist das Rathaus das bekannteste Exemplar und nicht nur sein Fachwerk, sondern die Form des ganzen Hauses besitzt etwas Abenteuerliches und Märchenhaftes.

Das Fachwerk-Rathaus am Marktplatz von Wernigerode gilt als eines der schönsten Rathäuser Europas. Mit seinen beiden aus Erkern hervorgehenden Türmchen fällt es sofort ins Auge. Sein Sockel ist bereits 1277 gebaut worden, mit gotischer Eingangstür und Spitzbogenfenstern, da war es das Gerichtshaus der Wernigeröder Grafen, aber auch ein Ort zum Feiern von Hochzeiten und für Tänze. Ein »Spelhus«, wo Gaukler und Spielleute auftraten.

Der Fachwerkteil mit den Türmen wurde von 1492 bis 1497 gebaut. Sein

Rathaus Wernigerode und das Hotel Gothisches Haus.

heutiges Aussehen erhielt das Haus in den Jahren 1538 bis 1544, Zierbänder, Rosetten und geschnitzte Holzfiguren zieren seither die Fassade, sie stellen Heilige, Narren und Handwerker dar. Über der Haupteingangstür steht der Spruch geschrieben: »Im selben Jahr – da dieses Haus erneut – ist auch noch wahr – der Spruch aus alter Zeit: Einer acht's – der andere betracht's – der dritte verlacht's – was macht's?«

Das Rathaus besitzt drachenköpfige Wasserspeier, in die Balkenköpfe sind Zeichen, Wappen und Gesichter geschnitzt, Letztere mit einigem Witz gestaltet, mit Schweinenase oder die Zunge herausstreckend, meist verschmitzt grinsend. Auf den Längsbalken über den Fenstern sind geschnitzte und bunt bemalte Figuren zu sehen: ein Hirte, eine Frau mit Schilderhausmantel (ein typischer Mantel aus dem Nordharz, als Sonntagsmantel getragen), ein Holzfäller, ein Fuhrmann, ein reicher Mann mit goldenem Portemonnaie, aber auch Metzger, Bauer, Schornsteinfeger, Bäcker und Bergmann, Schnitzer, Schmied, Maler und nicht zuletzt eine witzige Figur des Baumeisters Thomas Hilleborch. Weiter geht es mit einem Gaukler, Lautenspieler, Trommler, zwei raufenden Betrunkenen, einem Liebespärchen, einem Biertrinker, einem Dudelsackspieler und einer kleinen Frau in einem roten Kleid.

Reiche Ornamente umgeben diese Figuren, reichlich Schrift ist ebenfalls zu finden – ein gesprächiges, verspieltes, schelmisches Haus ist das. Doch auch Heilige finden hier ihren Platz, diese ebenfalls detailreich geschnitzten Figuren tragen Kreuze und goldene Mäntel.

Auf der Westseite gibt es weitere Figuren zu entdecken: Narr, Wanderer, Bettler und Beichtvater, eine schwangere Frau, ein Ritter, das Stadtwappen – doch dies ist nicht in Holz, sondern in Stein gehauen.

Im Wernigeröder Rathaus sind die Blumenkästen immer schön gefüllt, und die lustigen Köpfe der alten Ratsherren zeigen, dass Satire damals schon hoch im Kurs stand.

Dirk Musold, Harzgerode

◥ *Die Kundschaft schaut aus der Fassade: Krellsche Schmiede mit Pferdekopf.*

▶ *Die Kochstraße, rechts vorne das kleinste Fachwerkhaus der Stadt.*

Die **Krellsche Schmiede** wurde 1678 von Schmiedemeister Krell gebaut, der damit sowohl eine Werkstatt für sich selbst als Huf- und Waffenschmied als auch als Gastwirt errichtete. Entstanden ist ein Fachwerkhaus mit barocker Fassade, von der ein hölzerner Pferdekopf mit aufgeregt geblähten Nüstern auf die Straße herabschaut, das fuchsbraune kunstvoll in Andreaskreuzen und Rauten verbaute Gebälk passt auch zur Farbe des Pferdes. Über dem Rundbogen-Eingangstor hängen Hufeisen als Zeichen der Schmiedegenerationen, die hier seit über dreihundert Jahren – bis heute – ihrer Arbeit nachgehen.

Auf dem Rähmbalken sind drei Sprüche zu lesen, die in der Form üblich waren, um den Bewohnern Schutz und Glück zuteilwerden zu lassen: »Herr komme in mein Haus – das Übel vom Übel weich heraus«, »Ich las den lieben Gott walten – er wird mich und die Meinigen wohl erhalten« und »Gott hatts gefüget – das es mich vergnüget«.

Wernigerode hat drei Museen in Fachwerkhäusern, eines davon ist im **kleinsten Fachwerkhaus der Stadt** in der Kochstraße 43 untergebracht und zeigt die damaligen Wohnverhältnisse. Das Minihaus wurde im Jahr 1792 im barocken Fachwerkstil erbaut (barock steht eigentlich für üppig und groß), doch das Haus ist bis zur Dachtraufe nur 4,20 Meter hoch und 2,95 Meter breit. Die Türöffnung ist 1,70 Meter hoch, ebenso die Deckenhöhe in den Räumen. Nach dem Ersten Weltkrieg wohnte der Postschaffner Nettelmann in dem Haus, er hatte mit seiner Frau sieben Kinder, die in Stapelbetten schliefen oder als Babys in herausgezogenen Kommoden-Schubladen. Ein Badezimmer gab es nicht, nur ein Plumpsklo im winzigen Gärtchen hinter dem Haus.

Die ganze Kochstraße entlang reiht sich ein Fachwerkhaus an das andere, jedes trägt andere Farben, die »Bunte Stadt«, so wie das Stadtmarketing sie heute noch nennt, bekennt sich hier zu ihrem Namen.

Das **Café Wien**, gebaut im Jahr 1583, ist eines der wenigen Renaissancehäuser von Wernigerode. Es besitzt eine auffällige, blumengeschmückte, wunderschöne Fassade mit Jugendstilfenstern, geschnitzten Fächerrosetten und Schiffskehlen und bunt bemalten, detailreichen und filigran ausgeführten Schnitzereien im historistischen Stil. Die Fenster der ersten

Etage und in der Gaube sind noch mit schimmernden Butzen-
scheiben verglast. Bewohner waren Kaufleute und Klempner-
meister, seit dem Jahr 1897 wird das Haus als Café betrieben.

Das **Krummelsche Haus** in der Breiten Straße, gebaut
1674, zeigt eine der aufwendigsten, schönsten Hausfassaden
der Stadt, denn hier sind die Balken von oben bis unten mit
Schnitzereien von Abwehrgesichtern versehen.

Das Café Wien.

Die Gefache zeigen kein steinernes Gesicht, sondern sind mit Holz ausgelegt und darin sind ganze Bildgeschichten hineingeschnitzt. Die Erdteile werden dargestellt, die vier Elemente, Männer, die einen Baum pflanzen, diverse Wappen, eine Frau, die ihrem Pfarrer beichtet, ein Bild von Wernigerode und andere phantasievolle Motive mehr. Aus den Sockeln starren Abwehrmasken, meist grimmig. Detailreich ausgeführte Holzskulpturen, z. B. von einer Eierfrau, einem Polizisten und einem Bettler zieren das Erdgeschoss. Gewohnt haben hier die unterschiedlichsten Bürger der Stadt – u. a. Kaufleute, ein Seilermeister, ein Seifensiedermeister und ein Fuhrmann.

Dieses Haus hat bereits Begehrlichkeiten ausländischer zahlungskräftiger Museen und Firmen geweckt, doch die Hausbesitzer und die Stadt bewahren diese Kostbarkeit.

Der **Oberpfarrkirchhof** gehört zusammen mit dem **Klint** und der **Klintgasse** zu den ältesten Siedlungsgebieten der Stadt. Der gräfliche Schlosshauptmann Dietrich von Gadenstedt baute hier im Jahr 1582 das nach ihm benannte **Haus Gadenstedt** im Stil der Hochrenaissance. Der markante Erkervorbau ist mit wabenförmigen Butzenglasfenstern versehen, kunstvolle Schnitzereien zieren den Giebel.

Fachwerkbauten in anderen Harzorten ...

... sind beispielsweise das **Rathaus in Gernrode**: Ein umlaufender Spruch auf der Fassade lautet: »Ich spende mein Licht den Vätern der Stadt zu wohlweisem Rat und gut deutscher Tat.«

Das **Rathaus von Harzgerode** ziert den Marktplatz schöner denn je und in Bad Sachsa ist das **Göbel's Vital Hotel** das meistfotografierte Gebäude im Ort. Es besteht aus verschiedenen Baustilen mit Erkern, Balkonen und einem Laubengang wie bei Schweizer Holzhäusern.

Den Abschluss soll das **Welfenschloss Herzberg** bilden (Foto S. 96), das um 1510 nach einem Brand im Fachwerkstil neu errichtet wurde. Als größtes Fachwerkschloss Niedersachsens, Baudenkmal und Museum, mit Fachwerk-Schlossturm mit achteckiger Haube und reichhaltigem Schnitzwerk zeigt es die hohe Kunst der Zimmerleute in der Zeit der Renaissance.

Die Wirtschaftsmönche von Walkenried

Klöster und Kirchen zur Zeit ihres größten Einflusses

Rund um den Harz entstanden zahlreiche Klöster, die allesamt eine wechselvolle Geschichte zu verzeichnen haben. Diese Klöster waren Orte von Bildung und Kultur, doch sie wurden in diversen Kriegen geplündert und manche von ihnen ganz und gar zerstört. Einige dieser Klöster jedoch konnten ihren ursprünglichen Charme erhalten, sie sind Orte mit ganz besonderer Atmosphäre und stehen als kulturelle Besonderheiten heute meist unter Denkmalschutz.

UNESCO-Weltkulturerbe Kloster Walkenried

Steil in den Himmel ragt die Ruine der gotischen Klosterkirche Walkenried. Eine einzelne Wand mit riesigem gotischem Spitzbogenfester ist erhalten geblieben, wie ein Fenster in die Vergangenheit. Die Zisterziensermönche begannen im Jahr 1127, das Sumpfgebiet von Walkenried trockenzulegen sowie Felder und Fischteiche anzulegen. Bald wurde das Kloster Walkenried zu einem Machtzentrum der Zisterzienser. Den Mönchen gehörten bald große Ländereien, Weinkellereien, Brauereien, Köhlereien und auch Silberbergwerke, sie erhielten eigenes Münzrecht und ein eigenes Gericht. Die gotische Basilika war die größte mittelalterliche Kirche Norddeutschlands.

Anfang des 13. Jahrhunderts gehörten den Walkenrieder Mönchen 25 % der Grubenanteile im Rammelsberg und das über dreihundert Jahre lang. Sie waren versierte Techniker, die eine besondere Gewölbetechnik im Berg anwendeten – das Feuergezäher Gewölbe, der älteste ausgemauerte Grubenraum Europas, heute noch im Rammelsberg zu besichtigen, ist

Zeugnis ihre Baukunst. Ebenso waren es die Mönche, die das Teich- und Grabensystem entwickelten, mit denen ihre Bergwerke be- und entwässert bzw. mit Hilfe von Wasserkraft betrieben wurden. Die Legende behauptet, es seien so viele Teiche angelegt worden wie das Jahr Tage hat und vielleicht war es auch so, nachweisbar sind heute noch etwa fünfzig der Teiche, nicht alle dienten dem Bergbau, viele waren für die Fischzucht gedacht, denn Fisch war die klösterliche Hauptspeise. Und all dies sowie der beeindruckende Bau, die Kulturschätze des Klosters selbst, sind der Grund, warum das Kloster Walkenried zum UNESCO-Welterbe Rammelsberg, Altstadt von Goslar und Oberharzer Wasserwirtschaft gehört.

Doch auch dieses mächtige Kloster wurde 1525 während des Bauernkriegs gestürmt und geplündert, die Mönche wurden vertrieben, die Bauwerke zerschlagen. Und die Plünderer schafften es auch, die stolze Kirche zu zerstören, indem sie auf deren tragende Teile einschlugen, 1570 stürzte das Kirchendach ein, es blieb nur noch die Ruine, die von den Einheimischen als Steinbruch für ihre eigenen Häuser diente. Erst im Jahr 1977 fanden sich die Menschen bereit, diesen Ort zu sanieren und die verbliebenen Klostergebäude sowie die Kirchenruine für kulturelle Zwecke zu nutzen. Ein Museum ist

Kloster Walkenried mit einem Rest der Basilika.

hier entstanden, das vom vergangenen Leben der Mönche berichtet. Kinder werden in kleinen Mönchskutten durch das Gelände und das Museum geführt, Konzerte, z. B. die Walkenrieder Kreuzgangkonzerte, und Vorträge finden hier statt.

Kloster Huysburg bei Halberstadt

Ein noch ganz und gar erhaltenes Benediktinerkloster in Harznähe ist das Kloster Huysburg bei Halberstadt. Es steht auf den Fundamenten einer Burganlage aus dem 8. Jahrhundert. Das Kloster der Benediktinermönche wurde im Jahr 1080 gegründet, wurde in den Wirren der Zeit beinahe abgerissen, 1949 verstaatlicht und wieder neu gegründet. Auf dem Huy existierte seit 1972 schließlich das einzige Benediktinerkloster in der DDR und dies blieb es auch nach der Wende.

Es gewann zunehmend als Wallfahrtsort an Bedeutung, der Jakobsweg führt hier entlang, Besucher können die romanische Klosterkirche besichtigen, sie werden von den Mönchen empfangen und durch die Anlage geführt. Wer Mönch werden möchte, findet hier ein Zuhause.

Kloster Wöltingerode, Innenhof.

Wöltingerode

Eine sehr schöne Atmosphäre bietet das einstige Zisterzienserinnenkloster Wöltingerode bei Vienenburg. Es wirkt, als seien Natur und Menschenwerk hier eine Verbrüderung eingegangen, alte Bäume säumen die Wege, Gärten und Höfe im Inneren wirken abgeschieden und verträumt. Einige Jahre lang war das Kloster eine Schule, jetzt finden hier Freiluftveranstaltungen wie Traktorenschau und Mittelalterspektakel statt, und es kann die traditionsreiche Klosterbrennerei besichtigt werden, wo der »Wölti« gebrannt wird (siehe S. 247f.).

Gernrode

Die romanische Stiftskirche St. Cyriakus in Gernrode, einst Zentrum eines Damenstifts, gehört zu den ältesten erhaltenen Kirchen Nordeuropas. Auf S. 76 wurde bereits genauer von diesem besonderen Kirchenbau berichtet. Heute finden sich in den ehemaligen Klostergebäuden eine Jugendbegegnungsstätte und Tagungsräume sowie Übernachtungsmöglichkeiten.

Kloster Michaelstein bei Blankenburg

Kloster Michaelstein mit seinem friedvollen schattigen Kreuzgang, der um seinen sonnigen begrünten Innenhof führt, und dem wunderbaren Musiksaal bietet neben klassischen und anderen Konzerten auch einen sonnenhellen Klostergarten und in Kaskaden angelegte Forellenzucht-Teiche, an denen Besucher entlangspazieren und nach den dunklen Silhouetten der Fische Ausschau halten können. Hier wirkten schon Anfang des 12. Jahrhunderts die Zisterziensermönche. Und auch an diesem Ort spüren wir noch heute die besondere Ruhe der abgeschieden gelegenen Klöster. Mag diese in unserem hektischen Alltag abhandengekommen sein – hier finden wir sie wieder.

Ein besonderes Merkmal dieses Ortes ist die Musik, denn im Kloster befindet sich heute die Musikakademie Sachsen-Anhalt für Bildung und Aufführungspraxis. Eine umfangreiche Sammlung historischer Musikinstrumente befindet sich hier, Musikforscher treffen sich, das Jugendbarockorchester Bachs Erben ist hier beheimatet und jeden Frühling findet das Kontrabass-Kaleidoskop statt, wo sich Kontrabassisten – Profis, Musikstudenten, Musiklehrer und auch Amateure – zu Workshops treffen. Aber auch andere Musiker finden hier zusammen: Kinder und Erwachsene, klassisch Ausgebildete und Hausmusiker.

Des Weiteren ist das Kloster auch als Museum interessant, Klosterführungen finden regelmäßig statt, für Kinder gibt es besondere Angebote wie eine nächtliche Taschenlampentour oder auch eine musikalische Führung.

> Ich erinnere mich gerne an Besuche im Kloster Michaelstein mit seinem Klostergarten, den Fischzuchtteichen, den fachkundigen Führungen und der Musikakademie ... an das neugestaltete, wunderbare Musikmuseum und an das gemeinsame Singen mit dem Chor im Kloster – das war im Rahmen einer Besichtigung, da wurden Klostergeschichte und Gesang miteinander verbunden, jedes Lied wird in einem anderen Raum gesungen. Vorher wird die Geschichte des jeweiligen Raumes erzählt.
>
> Rosemarie Tippold, Magdeburg

Kloster Wendhusen in Thale

Im benachbarten Thale zeugt das Kloster Wendhusen vom Leben der Kanonissen um das Jahr 825. Es gilt als ältestes Kloster in Sachsen-Anhalt. Im Bauernkrieg 1525 wurden Kirche und Klostergebäude geplündert und in Brand gesetzt. Daraufhin löste es sich auf, die Bauwerke verfielen. Überdauert hat der fünfgeschossige »Wendhusenturm«, das Westwerk der damaligen Stiftskirche. Das Gelände diente eine Zeitlang als Rittergut. Heute befinden sich in den uralten verbliebenen Mauern ein Klostermuseum und ein Museumscafé. Besucher können sich zudem jeden Samstag in mittelalterlichem Bogenschießen versuchen.

St. Wiperti in Quedlinburg

Auch das Prämonstratenserkloster St. Wiperti in Quedlinburg wurde im Bauernkrieg geplündert und zerstört. Allein die St.-Wiperti-Kirche mit ihrer Krypta blieb erhalten. In dieser Kirche feierten vor tausend Jahren die Ottonen ihre Ostermessen. Sie war lange Zeit Mittelpunkt des dort angesiedelten Königshofes. Ein historischer Friedhof umgibt diesen Ort – eine terrassenförmige Anlage mit begehbaren Gewölben auf zwei Etagen. 1994 wurde die Wipertikirche zum UNESCO-Weltkulturerbe ernannt, sie kann in den wärmeren Monaten besichtigt werden.

Kloster Drübeck

Das einstige Benediktinerinnenkloster Drübeck ist wunderschön. Die Zeit scheint innerhalb der Klostermauern langsamer zu vergehen, die uralten Steine atmen Ruhe, die kleinen, sorgsam ummauerten Gartenkarrees wirken so absonderlich und so beruhigend, der Blick schweift von dort bis zum Brocken, die Vögel zwitschern, die Kräuter duften, Kunstinstallationen verzieren die kleinen Lauben. Hier findet sich auch die über tausendjährige Klosterkirche mit den beiden Spitztürmen, ein bedeutendes romanisches Bauwerk, hier wächst die dreihundert Jahre alte Sommerlinde mit einem Stammumfang von fast 6 Metern. Ein Gästehaus und ein Bildungszentrum der Evangelischen Kirche sind auf dem Klostergelände untergebracht, ebenso ein Gartencafé unter Obstbäumen.

Das Pädagogisch-Theologische Institut der Evangelischen Kirche in Mitteldeutschland und der Evangelischen Landeskirche Anhalts hat hier seinen Sitz und bietet Fortbildungen für Lehrer und Vikare an. Ein Pastoralkolleg wendet sich mit Bildungsangeboten an Theologen. Eine evangelische Bibliothek ergänzt die Lehrangebote. Für Besucher finden tägliche Klosterführungen statt. Hochzeits- und andere Familienfeiern, Tagungen, Seminare können hier gebucht werden.

Jedes Jahr gibt es im Kloster Drübeck die Romantische Nacht. Das ist einfach zauberhaft. Da wird Tango im Klostergarten getanzt, alles ist illuminiert, überall sind Lichter, überall ist Musik, Märchen werden erzählt, in den Bäumen hängen Hängematten, man fühlt sich willkommen.

Bettina Köhlert, Bad Harzburg

Kloster Ilsenburg

In Ilsenburg verschenkte König Heinrich II. vor über tausend Jahren seine Jagdpfalz an die Kirche Halberstadt und aus der Pfalz wurde daraufhin das Benediktinerkloster St. Peter und Paul mit umfangreicher Bibliothek, der Schlossanlage und einer Klosterschule. Einmalig ist der bis heute erhaltene hochmittelalterliche Gipsfußboden, verziert mit eingeritzten biblischen Motiven. Die Grafen zu Stolberg ließen Anfang des 17. Jahrhunderts einen geschnitzten Hochaltar aus Lindenholz in den Chorraum der Kirche einbauen.

Im 20. Jahrhundert wurde das Kloster geplündert, enteignet, zurückgegeben, vom Staatssicherheitsdienst der DDR genutzt, zum Erholungsheim für Urlauber umgebaut, dann zum Hotel und dann im Jahr 2000 von der Stiftung Kloster Ilsenburg übernommen. Besucher können es im Rahmen einer Führung besichtigen. Das Außengelände ist frei zugänglich. Kulturelle und religiöse Veranstaltungen finden in der romanischen Klosterkirche sowie auf dem Schlosshof statt: Klosterfeste, Weihnachtsmarkt und Musikveranstaltungen wie z. B. Jazz-Open-Air-Konzerte. Ein Café wurde in der unteren Etage des Schlosses eröffnet. Regelmäßig gibt es Ausstellungen und Kunstgespräche in den Sälen des Klosters.

Klostergut Grauhof bei Goslar

... ist heute ein landwirtschaftlicher Betrieb. Die barocke Kirche St. Georg mit ihrem 30 Meter hohen Turm ist das auffallendste Merkmal im ehemaligen Augustinerkloster Grauhof bei Goslar. Die Orgel aus der Entstehungszeit der Kirche ist besonders sehenswert. Das Gotteshaus kann an Werktagen besichtigt werden.

◥ *Der Klostergarten in Drübeck.*
◥◥ *Klosterkirche Ilsenburg.*

Südharz – die Wiege der Reformation

Martin Luther und Thomas Müntzer
streiten um den richtigen Weg

Im Jahr 1517 machte der aus Eisleben gebürtige Augustiner-
mönch Martin Luther (1483–1546) seinem Ärger über die
Praktiken seiner christlichen Kirche Luft. Weder der Ablass-
handel war seiner Ansicht nach ein Glaubensgrundsatz noch
das Eheverbot für Priester und auch nicht die All-
macht des Papstes. Luther arbeitete die ihm
wesentlichen Glaubensgrundsätze aus, for-
mulierte sie in 95 Thesen und nagelte sie am
31. Oktober 1517 an die Außentür der
Schlosskirche in Wittenberg. Überdies
nutzte er die Erfindung des Jahr-
tausends, den Buchdruck, um seine Lehren noch ein bisschen weiter über die Grenzen Wittenbergs
hinaus zu verbreiten. Dies war
der Beginn der Reformation und
machte aus Wittenberg und auch
aus Eisleben Lutherstädte.
Martin Luther war der Vordenker
und Wegbereiter eines erneuerten
Christentums, der Bewegung des Pro-
testantismus, aus dem sich die evangelische Kirche formte. Kaiser Karl V.

▶ *Der Marktplatz in Eisleben,
Hintergrund die Andreaskir-
che; auf dem Platz das Lutherdenkmal.*

◀ *Das Lutherdenkmal auf
dem Eislebener Marktplatz.*

erklärte Luther zum Feind der Kirche. Kurfürst Friedrich von Sachsen versteckte ihn auf der Wartburg bei Eisenach vor der kaiserlichen Verfolgung. Luther nutzte die Zeit der unfreiwilligen Einkehr, um ein weiteres epochales Werk zu schaffen: Er übersetzte das Neue Testament aus dem Lateinischen in die deutsche Sprache und schuf damit die Grundlage unserer heutigen deutschen Schriftsprache, einem dialektfreien Hochdeutsch, eine Art allgemeingültiges sprachliches Grundmuster, auf das sich bis heute alles Schriftliche und Amtliche bezieht.

Luther war für eine friedliche Form der Reformation. Doch zu viele Menschen hatten zu lange schon unter der Macht der Kirche und des Adels gelitten, sie riefen zum Aufstand. Angeführt wurden sie dabei von einem Mann, der die Lehren Luthers vehement vertrat, sie jedoch nicht friedlich umsetzen wollte, sondern nur in der Gewalt den Weg zum Erfolg sah. Dieser Mann war der Stolberger Theologe Thomas Müntzer (1489–1525). Er sah, welche Not die Bauern litten und wurde ihr Anführer bei ihrem Kampf um ein besseres, gerechteres Leben. Die Vorstellung, dass ein Pastor den Menschen das

Recht zusprach, sich gegen Unterdrückung zur Wehr zu setzen, war damals unerhört und völlig neu. Bisher galt die Meinung, dass Untergebene bedingungslos zu gehorchen hatten.

Eine neue Zeit war angebrochen.

Beide Männer stammen aus dem Südharz. Martin Luther kam am 10. November 1483 in Eisleben zur Welt. Thomas Müntzer ist gebürtiger Stolberger. Wie Martin Luther auch, studierte er Theologie und wurde Pastor. Auch er prägte seine Zeit mit neuen Ideen, so hielt er in Allstedt als erster Pastor überhaupt seine Predigt nicht auf Latein, wie es bisher üblich war, sondern in deutscher Sprache. Dies war die berühmte Fürstenpredigt. Darin forderte er die Landesfürsten auf, die Reformation zu unterstützen. Danach musste er allerdings Allstedt fluchtartig verlassen.

Inzwischen rebellierten die Bauern gegen Frondienste. Einer ihrer Anführer war Thomas Müntzer. Als die fürstlichen Herrscher seiner habhaft wurden, folterten sie ihn und brachten ihn um. Das war im Mai 1525 nach der Schlacht bei Bad Frankenhausen (im Kyffhäuser), die die Bauern verloren hatten.

Gedenken Martin Luther

Die Luthergedenkstätten in Eisleben sind seit 1996 als UNESCO-Weltkulturerbe anerkannt worden. Dazu gehören das Geburtshaus von Luther und auch das Museum Luthers Sterbehaus – beide Häuser sind Denkmale der Reformation und der damaligen Lebensweise. Luthers Taufkirche erinnert an den Reformator ebenso wie die St.-Andreaskirche, in der Luther predigte und wo er nach seinem Tod aufgebahrt wurde.

Vor dem Beginn des 500. Reformationsjubiläums wurde das denkmalgeschützte Lutherarchiv – in unmittelbarer Nachbarschaft zum Geburtshaus – umgebaut und ergänzt.

Eine Bronzestatue Luthers ziert in Eisleben die Mitte des Marktplatzes, aber auch das benachbarte Mansfeld, wo der Reformator seine Kindheit verbrachte und wo sich Schule und Elternhaus befinden, verfügt über ein Lutherdenkmal.

Gedenken Thomas Müntzer

Das Thomas-Müntzer-Denkmal steht in Stolberg ebenfalls vor dem Rathaus. Müntzers Geburtshaus brannte 1851 ab, an dieser Stelle erinnert eine Gedenktafel an den Reformator. Auch im Schloss Allstedt wird seiner gedacht – hier werden Auszüge aus der Fürstenpredigt vorgetragen und erinnert eine Ausstellung an ihn. Der Leipziger Maler Werner Tübke verewigte ihn als zentrale Figur auf seinem berühmten Bauernkriegs-Panoramabild in Bad Frankenhausen, wo auch eine lebensgroße steinerne Denkmalskulptur vor dem Frauentor steht.

Der Dialog

Als ich etwa sieben Jahre alt war, fuhren wir einmal wieder mit dem Zug von Sangerhausen nach Leipzig. Wir waren gerade eingestiegen, Oma und Opa winkten uns zu. Der Schaffner pfiff, der Zug fuhr ab – in Richtung Eisleben. Ich blickte zu Opas Schacht-Halde, die in der Ferne kleiner wurde und wartete dann auf den schwarzen Tunnel vor Blankenheim. Auf den Sitzbänken neben uns saßen sich zwei Männer gegenüber, beide in Schwarz gekleidet. Sie sahen sich schweigend in die Augen wie zwei Kampfhähne kurz vor dem Duell. Meine Eltern bemerkten sie gar nicht, sie nutzten die Zugfahrt für ein kleines Mittagsschläfchen. Beide Männer hatten eine seltsame flache Mütze auf dem Kopf, und an diese Mütze waren kleine Hängeohren genäht. Irgendwo hatte ich das schon einmal gesehen, aber ich wusste es nicht genau. Die beiden Männer beachteten mich nicht, sie starrten einander mit ernstem Blick an.

Dann ratterte der Zug in den offenen Bergesschlund. Alles Licht wurde verschluckt. Nur das Rumpeln der Waggons auf den Schienen war zu hören, das rhythmische Tatamtatam. Da hörte ich sie sprechen, zwei Stimmen, dort wo ich die beiden Herren gesehen hatte.

Einer sagte:

»Wir waren uns doch einig, Thomas.«

»Nur am Anfang, Martin. Ich fand Deine Gedanken grandios. Sie würden die Welt verändern.«

»Das werden sie.«

»Aber nicht auf die bequeme Art. Wir müssen gegen Ungerechtigkeit kämpfen!«

»Du bist ein aufrührerischer Geist, Müntzer.«

»Und du bist geistloses, sanftlebendes Fleisch, Luther.«

»Deine Bauernrebellen sind des Teufels und du bist ein mörderischer Prophet, Müntzer.«

»Es ist Gewalt nötig, um eine gerechtere Ordnung durchzusetzen, Luther.«

»Es ist Gehorsam gegenüber der Obrigkeit nötig, nur so kann die Reform gelingen, Müntzer.«

»Die Obrigkeit ist die Grundsuppe des Wuchers, der Dieberei und der Räuberei, Luther.«

»Die Welt, wie sie ist, Müntzer, ist gottgewollt und nur die Obrigkeit hat das Recht, das Schwert zu führen.«

»Die Herrschenden machen selber, dass ihnen der arme Mann zum Feind wird. Sie sind wuchersüchtig und böse, sie sind große, dicke Pausbacken, die ihr Leben mit tierischem Fressen und Saufen zubringen. Und Du, Luther, bist ein Lügner, zu sagen, dass man sich nıcht wehren soll.«

»Du, Müntzer, bist ein elender Prophet und Mördergeist. Du und Deine Bauernrebellen, ihr habt allesamt den Tod verdient.«

»Das Volk wird frei werden, Luther. Die Gewalt soll gegeben werden dem gemeinen Volk, wir lassen unser Schwert nicht kalt werden.«

Thomas-Müntzer-Denkmal
vor dem Stolberger Rathaus.

»Du wirst sehen, was du davon hast, Müntzer.«

Dann verstummten die Stimmen. Der Zug ratterte noch eine Weile durch die Dunkelheit, dann glomm ein Licht am Ende des Tunnels, vergrößerte sich und schien kurz darauf wieder hell ins Abteil. Die beiden Männer saßen noch auf ihren Plätzen, wie zuvor, und starrten sich noch grimmiger an. Ich zog Vaters Portemonnaie aus seiner Jackentasche und zog einen Fünfmarkschein (DDR) daraus hervor. Darauf war einer der beiden Männer abgebildet. Daher kannte ich sein Gesicht. Der Zug hielt in Eisleben; beide stiegen aus und gingen in verschiedene Richtungen davon. Am Ende des Bahnsteigs verschwanden ihre Silhouetten im Dunst des Abendnebels. Meine Eltern wachten auf und ich zeigte ihnen den Fünfmarkschein mit dem Portrait eines der Streithähne. »Wie heißt der Mann?«, fragte ich sie. »Das ist Thomas Müntzer«, sagte mein Vater. »Nach ihm ist Opas Schacht benannt worden.« Und weiter fuhren wir bis nach Leipzig.

5-Mark-Schein der DDR mit
Thomas-Müntzer-Portrait.

Zwerg Hübichs Reich, Bodos Tal und der Hexenberg

Harzer Mythen und Sagen

Etwa im Jahr 1985 fuhr unsere Schulklasse auf Klassenfahrt nach Thale – Eingang und Ausgang der sagenumwobenen Bodetalschlucht. Wir waren um die 15 Jahre alt, ein lauter Haufen, dem die Schönheit der Natur nahegebracht werden sollte, ebenso die Mythen um seltsam gestaltete Felsformationen, teuflische Gebirgsbachstrudel, um Rosstrappe und Hexentanzplatz. Jedes Kind kannte diese Geschichten, sie standen in unseren Deutschbüchern (damals arbeitete jede Schule des Landes mit den gleichen Büchern). Thale und das Bodetal war eine Märchenwelt. Doch die Wirklichkeit sah natürlich anders aus: Straßenverkehr, der Industriequalm des (zu DDR-Zeiten noch riesigen) Eisenhüttenwerks, die lärmende, nicht gerade interessierte Schulklasse selbst und die Aussicht auf eine 10 Kilometer lange Wanderung waren nicht gerade märchenhaft für mich.

Wir fuhren mit dem Bus nach Treseburg. Dies sollte der Ausgangspunkt unserer Wanderung sein, direkt am Flussufer. Jenseits des Flusses sahen wir kunstvoll errichtete Villen aus dunklem Stein neben Häusern aus Holz.

Der Weg führte uns endlich am rechten Ufer der Bode entlang in eine tiefe Felsenschlucht hinein. Rechts und links ragten die Berge über steil in die Höhe, die Bode floss rauschend hindurch.

Nach kurzer Zeit wand sich der Pfad über Felsabschnitte den Berg hinauf, so, dass wir 10 oder 20 Meter oberhalb des Flusses wanderten, dann wieder hinabkletterten und über die großen Felsbrocken im Fluss springen konnten. Es ist ein abenteuerlicher Weg. Vieles, was die Harznatur insgesamt charakterisiert, findet sich hier wieder. Die Bäche, die dunklen Wälder, die hohen eigentümlichen Felsformationen, die unterirdischen Geheimnisse, Granit und Schiefer, offensichtliche und verborgene Wildnis.

Als wir so durchs tiefe Tal wanderten, folgte uns eine schwarze Katze, ebenso tauchte über unseren Köpfen auch immer wieder ein Kolkrabe auf. Ein fremder Wanderer gesellte sich zu uns. Er rauchte Pfeife und wusste allerlei über das Bodetal zu berichten. Unsere Lehrerin war davon ganz begeistert. Sie rief die ganze Klasse zusammen, damit diese den Erzählungen des Fremden lauschen sollte, der niemand anderer war als der Harzteufel selbst, er sah stets anders aus, mal jung, mal alt, mal war er eine Frau, mal ein Mann, doch das Blitzen seiner bernsteinfarbenen Augen verriet ihn jedes Mal.

Blick vom Hexentanzplatz über das sagenumwobene Bodetal.

Wir hatten die Teufelsbrücke erreicht – hier war die engste Stelle des Bodetals, der Fluss schäumte und brodelte in einem Strudeltopf gleich neben der Brücke. Die Felsen erhoben sich über 230 Meter hoch nahezu senkrecht in die Höhe. Der Mann setzte sich auf eine Felskanzel oberhalb der Brücke und blickte auf meine Schulklasse herab. Der Rabe setzte sich zu seiner Linken, die Katze zu seiner Rechten. Eigentlich war der Fluss zu laut, als dass hier jemand eine Rede halten könnte. Zunächst kicherten viele von uns und rempelten sich und kamen sich albern vor, doch ein Blick des Mannes machte uns alle zu aufmerksamen Schweigern. »Schließt eure Augen«, sagte er. Seine Stimme war ganz deutlich zu hören.

Wir schlossen die Augen. Da sahen wir ein riesiges Mädchen mit einer goldenen Krone auf dem Kopf auf einem riesigen Pferd in wildem Galopp durch den Wald jagen. Und hörten eine ungehobelte Stimme rufen: »Brunhilde, bleib stehen, heirate mich, du Miststück!« Doch Brunhilde blieb nicht stehen, ungebremst raste sie auf die Bodeschlucht zu. Ein scheußlicher Riese, dreimal so groß wie die Prinzessin, tauchte nun hinter ihr auf. Er verfolgte sie mit seinem etwas schnelleren Pferd. Gleich würde Brunhilde in die Schlucht stürzen, doch sie blieb nicht stehen, sie klammerte sich an den Hals ihres Pferdes. Das Tier sprang, und wie von Geisterhand getragen flog es über die gesamte Bodetalschlucht und stieß mit dem Huf auf der anderen Seite auf sicheren Grund, tief grub der Huf sich ein und erschuf den Abdruck auf der Rosstrappe. Die Krone war während des Fluges vom Kopf der Prinzessin gefallen und versank in der Bode. Weiter rannte das Pferd und war bald verschwunden. Der Riese hielt nun ebenfalls auf die Schlucht zu. Eine aufgescheuchte Hexe schrie: »Bodo! Bleib stehen«, doch der Riese hörte nicht auf sie, er zwang sein Pferd, ebenfalls über die Schlucht zu springen. Sein Pferd stürzte samt dem Reiter in die Tiefe, hinein in den Bodekessel, wo das Wasser schäumte. Darin lösten sie sich auf, wurden fortgespült und verwandelt, das Pferd in Schaum und der Riese in einen großen schwarzen Höllenhund, der seither unter Wasser an einer geheimen Stelle die verlorene Krone der Prinzessin bewacht.

Bodo stürzt ins Bodetal, das gefällt mir schon aus aktuellem Anlass, weil Männer, die ein Nein nicht akzeptieren wollen, auch bestraft werden.

Dirk Musold, Harzgerode

Die Hexe, die alles beobachtet hatte, schwor Rache an den Jungfrauen von Thale, sie verführte und verlockte diese und machte Hexen aus ihnen. Watelinde war ihr Hexen-Name. Die schwarze Katze neben unserem geheimnisvollen Referenten streckte sich und reckte sich, verwandelte sich vor unseren Augen in Watelinde, die sich an ein Mädchen aus meiner Klasse heranschlich, doch bevor sie nahe genug kam, schoss ein Blitz aus dem Himmel und verwandelte die Hexe in einen Felsen, der zum Hexentanzplatz hochschwebte und dort stehen blieb. Wir sahen sieben Räuberbrüder ein anderes Mädchen jagen und auch diese sieben Brüder wurden von einem Blitz in einen siebenzipfeligen Felsen verwandelt. Kaum war dies geschehen, kletterte ein Mann mit Lupe, Stift und Zettel auf selbigem Felsen herum. »Das ist Johann Wolfgang«, sagte der Mann auf der Kanzel, »Goethe, wir kannten uns gut, ich habe ihn zu seinem Faust *inspiriert.« Wir sahen weiterhin einen Händler, der gepanschten Wein verkaufte und von seinem Käufer in einen sprechenden Waldkater verwandelt wurde, und wir erblickten die gesamte germanische Götterwelt, die auf dem Hexentanzplatz eine Versammlung abhielt. Odin, der einäugige Göttervater, stand neben seinen Wölfen Geri und Freki, die Zügel seines achtbeinigen Rosses Sleipnir in der Hand, auf seiner linken Schulter saß der Rabe Hugin und von der Teufelskanzel flog nun der andere schwarze Kolkrabe auf, der uns begleitet hatte, flog zu Odin und setzte sich auf dessen andere Schulter. Dieser Rabe war Munin. Wir sahen außerdem eine alte Dame fröhlich pfeifend über eine Brücke gehen, und weil es eine Jungfrau war, stürzte die Brücke nicht ein und der Wirt des anliegenden Gasthofes klingelte mit einem Glöckchen. Über eine andere Brücke – über die Teufelsbrücke, neben der wir standen – rannte eine Ziege und unser Referent strich ihr Bild ärgerlich beiseite. »Genug erzählt«, sagte er. »Wandert brav weiter und klet-*

tert nicht zu viel in der Landschaft rum.« Daraufhin sprang er von seiner Felsenkanzel über unsere Köpfe hinweg zur Brücke, überquerte diese und war kurz darauf verschwunden.

Die Klasse stand noch eine Weile verwirrt in der Gegend, doch bald begannen wieder alle zu schwatzen und zu kichern und einander zu schubsen, als sei nichts gewesen. Die Lehrerin atmete tief durch, und auch wir setzten unseren Weg fort.

Es war insgesamt eine sehr schöne Klassenfahrt. Wir besuchten den Hexentanzplatz und die Rosstrappe, fuhren mit Seilbahn und Sessellift, waren im Harzer Bergtheater mit seinem atemberaubenden Blick von steil aufsteigenden Zuschauerreihen hinunter in die Vorharzebene, als sei das ganze Freilufttheater samt der Bühnenarena und mit allen Menschen darin ein riesiger Vogel, der hoch über den Feldern flog, während Gojko Mitić als Räuberhauptmann Rinaldo Rinaldini auf einem Pferd durch die Arena preschte.

An einem besonders schönen Tag wateten wir zu einem flachen Felsen an einer seichteren Stelle der Bode und fanden auf dem Flussgrund himmelblaue Steine, die so genannten Bode-Achate. Diese sind vor etwa fünfhundert Jahren durch die Verhüttung von Eisenerz entstanden. Und die Suche nach ihnen ist wie eine richtige Schatzsuche, denn es braucht viel Geduld, so einen kleinen blauen Stein zu finden.

Die Versammlung

Wir stellen uns vor, alle Sagengestalten des Harzes machen sich auf den Weg zum Hexenberg, dem Brocken, um nach Jahrhunderten wieder einmal eine kleine Zusammenkunft zu feiern.

In Bad Grund würde der Zwergenkönig Hübich in seinem verborgenen Bergreich erwachen und hinauf ans Licht steigen. Er sieht den Hübichstein, den kein Mensch betreten darf, ohne in den Bann des Zwerges zu geraten und er sieht den Bronzeadler mit 3 Metern Flügelspannweite, der dort von Bauarbeitern zu Ehren Kaiser Wilhelm I. montiert wurde, und knirscht mit den Zähnen, weil er diese ganze Aktion verschla-

fen hat und seinen Berg nicht schützen konnte. Die Leute, die ihn sehen, würden ihn für einen kauzigen kleinen grummelnden Wanderopa halten, aber nicht für König Hübich.

In der Nähe von Osterode, zwischen Sösetal und Lerbachtal, erwacht die Ostermorgenjungfrau tief unter den Ruinen der Alten Burg. Vor lüsternen Rittern flüchtend hatte sie sich in den Tod gestürzt und war ein guter Geist geworden, Helferin der Armen, denen sie einst mitunter etwas vom versunkenen Schatz der Burg überließ. Sie steckt sich eine weiße Lilie ins Haar und leistet dem Zwergenkönig auf seiner Wanderung Gesellschaft.

Aus Wildemann kommen zwei Riesen oder ihre Geister, denn der Mann selbst wurde von den Harzern gefangen genommen und starb davon. Die Frau verschwand und ward nicht mehr gesehen. Diese beiden sind der Wilde Mann und seine Frau. Sie hatten lange vor den Harzern diese Wälder bewohnt und niemandem etwas zuleide getan. Wortlos gehen sie nun miteinander, in Lendenschurze aus Laub gekleidet, mit Mooskappen auf den Köpfen. Der bärtige Mann hält eine ganze Tanne wie eine Keule in der Hand und blickt wachsam umher. Und ihnen hinterher tippeln einige gutmütige Moosweiblein, winzig klein in der Spur der Riesen. Auch sie sind von den Menschen einst vertrieben worden.

Aus der Erdfallsenke »Silberhohl«, die bei Seesen liegt, steigt die weiße Frau Jutta empor, die zur Sagenzeit in der versunkenen Raubritterburg des Wulfardus leben musste, denn der Burgherr und oberste Räuber war ihr Vater. Jutta half den armen Menschen und gab an sie weiter, was sie besaß. Doch auch sie verschwand, als die Burg eines Nachts mit Donnerknall zusammenbrach und samt den geraubten Schätzen in der Erdfallsenke verschwand. Nur ihr Geist in weißen Gewändern wandelte mitunter noch unter den Menschen, um zu helfen und deren Not zu lindern.

Aus Goslar kommt Ritter Ramm auf einer Silberspur herbei, einige Könige im Schlepptau, die am Silber schnuppern, einige geheimnisvolle Venediger schließen sich diesem Zug an, sie verfolgen immer ihre ganz eigenen Ziele. Von Wernigerode sprengt ein kopfloser Schimmel gen Brocken, bei Thale springt ein schwarzer, steinerner Hund aus der Bode, schüttelt sich und verwandelt sich in den Riesen Bodo, der verdrossen das Bodetal hinauftrottet, Prinzessin Brunhilde dagegen ist auf ihrem wunderbaren Pferd schon beim Brocken angekommen, ebenso all die Harzhexen auf ihren Besen, Watelinde in ihrer Mitte. Unterm Burgberg von Bad Harzburg erwacht der Waldgott Krodo und macht sich ebenfalls auf den Weg, er trifft den Brunnengeist von Burg Regenstein und den einen oder anderen verdammten Raubgrafen. Aus dem Oberharz kommen der Bergmönch, einige Zwerge und Bergmann Baumann. Aus ihrem Felsenreich im Ilsetal löst sich Prinzessin Ilse und schreitet mitten im Flussbett bergauf. Vielleicht trifft sie ihren Geliebten, dessentwegen ihr Riesenvater so wütig die Burgen zerschlug, in denen sie alle lebten. Ein Schäfer kommt von Falkenstein herbei, eine rote Blume im Hut und einen Batzen Gold in der Tasche. Fröhlich bellend springt das Hündchen Quedel, das von Quedlinburg herbeigeflitzt ist, um seine Beine, flink wie damals, als es Räuber und Teufel verbellte und dafür einen Platz im Stadtwappen von Quedlinburg bekam. Der Hahn von Cattenstedt schreit sein fröhliches »Kikeriki« schon

Skulptur von Krodo an der Ruine der Großen Harzburg.

vom Brockenplateau herab, die Feier kann bald beginnen, man wartet noch auf den Gastgeber: den Teufel. Der fegt aus allen Ecken des Harzes gleichzeitig herbei – steigt aus dem Teufelsloch in der Nähe der Grube Glasebach, flitzt über die Teufelsmauer, springt über den Hexentanzplatz, über Teufelskanzel und Teufelsbrücke, liest in Zellerfeld noch einen Freischütz, ein paar Katzen und Hexlein auf, die er mit einem höllischen Motorrad zum Brocken chauffiert. Dort gibt es ein riesiges Fest, alle Sagengestalten tanzen und trommeln und kippen sich geisterhaftes Bier in die Schlünde, und eine Stunde nach Mitternacht endet der ganze Spuk und der Brocken liegt verlassen im Mondschein, nur einige Touristen und der Brockenwirt schlafen im Brockenhotel und haben von alldem nichts mitbekommen. Am nächsten Morgen aber ragt das Brockengespenst hoch auf – eine riesenhafte Nebelgestalt, ein Naturphänomen, das entsteht, wenn die Sonne den Schatten des frühaufgestandenen Wanderers auf eine Nebelwand projiziert.

Das Brockengespenst – ein Licht- und Nebelphänomen, das erstmals auf dem Brocken gesehen wurde, der somit namensgebend für derartige Erscheinungen war.

Mephisto rockt den Brocken

Musiker ergründen den Harz

Das lauteste Spektakel im Harz ist seit etwa zehn Jahren die Rockoper *Faust*, die in größeren Abständen auf dem Brocken aufgeführt wird. Mit der Brockenbahn wird das Publikum zum Gipfel chauffiert, um dort die Metal-Rock-Gothic-Version eines Klassikers des Deutschunterrichts zu erleben: Johann Wolfgang von Goethes *Faust*, in unsere schnelllebige, laute, spektakelfreudige Zeit transponiert, in der Mephisto auf dem Plakat des Veranstalters Harzer Schmalspurbahnen auf einer brennenden Geige spielt. »Erleben Sie dieses Spektakel auf dem Originalschauplatz, dem sagenumwobenen Brocken.« Da ist Goethe definitiv vor etwa zweihundert Jahren gewesen und lässt die Hexen in seinem berühmtesten Theaterstück auf dem Brocken tanzen.

Komponist und Librettist Dr. Rudolf Volz aus Ulm hat aus beiden Teilen des Theaterstücks eine Rockoper ersonnen, er schrieb 27 Rocksongs, kombinierte diese mit illustren Kostümen aus der Rockgeschichte der 1970er Jahre. Die Inszenierung ist inzwischen weit über die 500. Vorstellung hinaus der Renner beim Publikum, immer ausverkauft und inzwischen auch auf Tournee zu anderen Spielstätten.

Aber schon vor diesem modernen musikalischen Blockbuster gab es Musiker und Komponisten, die mit dem Harz verbunden waren.

Andreas Werckmeister (1645–1706) stammt aus Benneckenstein, er besuchte Schulen in Nordhausen und Quedlinburg, die Familie selbst – seine Onkel – bildete ihn musikalisch aus. Bald arbeitete er als Hoforganist in der Stiftskirche St. Servatius in Quedlinburg und in der Martinikirche in Halberstadt. Von seinen Kompositionen sind nur wenige erhalten; seine zehn musiktheoretischen Werke hingegen sind vollständig überliefert und werden von Musikwissenschaftlern sehr geschätzt. Ganz offensichtlich fühlte sich Werckmeister sein Leben lang eng mit seinem Geburtsort Benneckenstein verbunden, denn er firmierte mit »Benicosteinensem Cheruscum« (aus Benneckenstein im Harz).

Sein Geburtshaus in Benneckenstein ist das älteste Fachwerkhaus im Ort. Ein Denkmal rühmt ganz in der Nähe den Musiktheoretiker und Organisten.

Einem größeren Publikum bekannt ist sicher **Georg Philipp Telemann** (1681–1767), der in Magdeburg aufwuchs. Er zeigte großes musikalisches Talent, brachte sich das Spielen mehrerer Musikinstrumente, die es an den Schulen gab, im Selbststudium bei und komponierte im Alter von zehn Jahren seine ersten Stücke. Nach nur zwei Wochen Klavierunterricht versuchte die Mutter, dem einen Riegel vorzuschieben. Als der junge Georg Philipp mit zwölf Jahren auch noch eine ganze Oper komponierte, ergriff die Mutter drastische Maßnahmen, indem sie dem Sohn alle Instrumente nahm und ihn nach Clausthal-Zellerfeld zur Schule schickte. Auflage für die Lehrer sollte sein, das Kind besonders von der Musik fernzuhalten.

Sie hatte aber nicht mit dem Oberharzer Geistlichen und Gelehrten, dem Superintendenten **Caspar Calvör** (1650–1725) gerechnet, der in Zellerfeld lebte und ein großer Musikliebhaber war. Er erkannte das musikalische Talent des Kindes, war begeistert und förderte es drei Jahre lang, wo er nur konnte.

Als Telemann den Harz wieder verließ, hatte er Arien und Motetten komponiert und lernte an seiner neuen Schule in Hildesheim als Autodidakt noch weitere Musikinstrumente. Auch wenn er der Mutter versprochen haben mochte, in Leipzig brav Jura zu studieren, traf er in dem hochmusikalischen Umfeld der Universitätsstadt Menschen wie Georg Friedrich Händel sowie begeisterte Auftraggeber und wurde einer der produktivsten Komponisten der Musikgeschichte.

In Blankenburg, im Kloster Michaelstein, gründete sich 1952 neben der Ausstellung historischer Musikinstrumente auch ein Telemann-Kammerorchester, das mit diesen historischen Instrumenten musizierte. Daraus ging im Jahr 2001 das **Telemannische Collegium Michaelstein** hervor, ein deutschlandweit anerkanntes Ensemble, das sich der historischen Aufführungspraxis der Barockmusik widmet.

Für ein ganz anderes Genre, der Operette, steht u. a. der Berliner Komponist **Paul Lincke** (1866–1946), der seine letzten Lebensmonate in Hahnenklee-Bockswiese im Harz verbrachte, wo er auch bestattet wurde. Lincke war der Schöpfer der Berliner Operette. Sein Lied »Berliner Luft« wurde allerorten zum Gassenhauer, seine Operetten *Frau Luna* und *Lysistrata* waren große Erfolge und werden heute noch aufgeführt.

In Hahnenklee wird Linckes Erinnerung in Ehren gehalten, die Stadt verleiht seit 1955 alle zwei Jahre den goldenen Paul-Lincke-Ring für besondere Verdienste auf dem Gebiet der »leichten Muse« bzw. der Popmusik. Preisträger sind u.a. René Kollo, Udo Jürgens, Peter Maffay, Udo Lindenberg, Annette Humpe, Peter Plate (Musiker der aufgelösten Band Rosenstolz), Die Fantastischen Vier, Max Raabe, Silbermond oder Clueso gewesen. Die Namen der Preisträger sind auf einer Litfaßsäule auf dem Paul-Lincke-Platz (wie könnte er anders heißen) verewigt.

Alles andere als die leichte Muse wird durch **John Cage** (1912–1992), bedient, ein US-amerikanischer Künstler, Maler und Komponist der Neuen Musik. Im Harz – in der St. Burchardi-Kirche in Halberstadt – wird sein Musikstück *Organ2/ASLSP*, abgekürzt für *Organ As slowly and softly as possible* (»so langsam wie möglich, nur ein Hauch«) aufgeführt. Es ist das langsamste Musikstück der Welt. Das Konzert begann am 5. September 2001 und soll am 4. September 2640 enden. Es wird damit 639 Jahre dauern, die Besucher der Kirche können es also noch hören.

Ursprünglich hat das Werk bei seiner Uraufführung 29 Minuten gedauert. Doch in unserer modernen Welt sind ganz andere Dimensionen möglich.

Auf einem Orgelsymposium in Trossingen fragten sich Organisten, Musikwissenschaftler, Orgelbauer, Theologen und Philosophen, wie »so langsam wie möglich, nur ein Hauch« zu verstehen und was an Umsetzung dabei möglich sei. Sie kamen auf den Gedanken, dass sich so ein Stück potentiell unendlich lange denken und spielen ließe, wenigstens so lange die Orgel durchhält, so lange »wie es Frieden und Kreativität in künftigen Generationen gibt«.

Aus diesen Überlegungen entwickelte sich dieses Projekt, als Ort dafür wurde Halberstadt gewählt. Denn im Halberstädter Dom stand einst im Jahr 1361 die erste Großorgel der

Welt überhaupt, die erste mit einer zwölftönigen Klaviatur. Dies war die Wiege der modernen Musik – 639 Jahre später schrieb man das Jahr 2000 und ging ans Werk, ein Musikwerk zu installieren, das noch einmal genau so lang dauern sollte.

Die St.-Burchardi-Kirche ist eine der ältesten Kirchen in Halberstadt, einst Teil eines Zisterzienserklosters, wurde sie nun extra für dieses Projekt saniert und eingerichtet. Die Stadt Halberstadt und ein eigens gegründeter Förderverein mit vielen Freiwilligen halfen und ermöglichten dies.

Am 5. September 2001 begann das Konzert. Fast zwei Jahre lang war nur der Wind aus dem Blasebalg zu hören, 2003 erklangen die ersten Orgelpfeifen, im Jahr 2013 fand der dreizehnte Klangwechsel statt, am 5. September 2020 wird es den

nächsten Klangwechsel geben. Die Orgel besteht im Moment aus nur fünf Orgelpfeifen, doch wird sie während des Konzertes von Fachleuten nach und nach aufgebaut und entsprechend erweitert. Dieses Musikprojekt der extremen Entschleunigung sorgte bald weltweit für Aufsehen. Philosophen sehen darin ein Symbol des Vertrauens in die Zukunft. Und das ist etwas Gutes!

Wird im Verlauf des Konzertes – Pfeife für Pfeife – immer weiter ausgebaut: die John-Cage-Orgel, die das langsamste und längste Konzert der Welt spielt.

Modellsitzen – eine leichte Übung für den Harz

Chronisten mit Stift und Pinsel – Maler, Zeichner, Cartoonisten

Viele Bilder sind vom Harz gemalt worden: Die vielgestaltige Bergwelt, die Klippen und Schluchten beflügelten die Fantasie vieler einheimischer, aber auch durch den Harz reisender Künstler.

Caroline Bardua, geboren im Jahr 1781, war Ballenstedterin. Sie war eine der ersten Frauen dieser Zeit, die sich eine eigene, unabhängige Existenz als freie Malerin aufbauen konnte. Ihr Talent wurde erkannt und gefördert, sie wurde Schülerin von Gerhard von Kügelgen in Dresden. Dessen Sohn **Wilhelm von Kügelgen** würde einst ebenfalls in Ballenstedt leben und dort ein berühmtes Buch schreiben. Über Caroline Bardua äußerte er:

Caroline Bardua, Selbstportrait.

> Für die Kunst hatte Karoline Bardua entschiedenen Beruf. An Ausdauer, Fleiß und Konzeptionsfähigkeit übertraf sie ihr Geschlecht und zeichnete sich aufs vorteilhafteste vor allen übrigen Schülerinnen meines Vaters aus, der sich ihrer daher auch mit besonderem Interesse angenommen hatte und sich ihrer Erfolge herzlich freute, solange er lebte.

Caroline portraitierte Goethe, Hans Christian Andersen, Carl Maria von Weber und ihren Kollegen Caspar David Friedrich, der sie wiederum zwar klein, aber fein auf dem Bild »Gartenterrasse« verewigte. Er war häufiger zu Gast bei den Barduas und ein guter Freund der Familie.

Wilhelm von Kügelgen (1802–1867) zog nach dem Tod seines Vaters (Carolines Lehrmeister) nach Ballenstedt. Viele Jahre lebte er in dem Harzstädtchen, wo er Hofmaler des Fürsten von Anhalt-Bernburg wurde und als leidenschaftlicher Schachspieler den Schachklub Ballenstedt mitgründete. Im Kügelgenhaus schrieb er das Buch *Jugenderinnerungen eines alten Mannes*, das nach seinem Tode sehr berühmt wurde. Im Stadtmuseum Ballenstedt nebst Kügelgenhaus sind ihm und Caroline Bardua Ausstellungen gewidmet.

Das **Crola-Haus** in Ilsenburg erinnert an eine ungewöhnliche, künstlerisch hochbegabte Familie, deren Geschichte aus einem Schmökerroman über die Suche nach dem Glück stammen könnte. Da war zunächst **Elisabeth Concordia Crola**, geborene Bankherrentochter Fränkel im Jahr 1809 in Berlin. Sie war schon als Kind zeichnerisch begabt, erhielt Privatunterricht bei einem Maler. Doch schon mit 18 Jahren heiratete sie gegen den Willen des Vaters den 14 Jahre älteren Baron von Weiher, die Ehe blieb kinderlos und wurde elf Jahre später wieder geschieden. Elisabeth zog sich zurück, zog weg von Berlin, auf Land ... nach Ilsenburg, um den Harz zu malen und Portraits zu schaffen. Und auch als Bildhauerin und Porzellangestalterin war sie aktiv und weithin – bis zum König – anerkannt.

In Dresden wurde im Jahr 1804 **Georg Heinrich Crola** als Sohn eines Großkaufmanns geboren. Er verlor früh seine Eltern, wuchs beim porzellanmalenden Großvater in Meißen auf. Nach dessen Tod zog er als Straßenmusiker durchs Land, wollte Schlachtenmaler bei der Artillerie werden, doch aufgrund eines Augenleidens wurde er abgelehnt, er war Dosenmaler in einer Konservenfabrik in Dresden, weilte auch eine Zeitlang in Berlin, dort sah er die Bilder einer gewissen **Elisabeth von Weiher** und war überrascht, dass eine Frau so malen könne. Er sollte später eine noch viel größere Überraschung erleben. Doch zunächst ging er wieder auf Wanderschaft, kam nach Ilsenburg, wo er eine Zeitlang lebte, dann holte ihn Graf Heinrich zu Stolberg-Wernigerode auf sein Schloss in Wernigerode, wo Crolas Bilder vom Christianental und vom Brocken entstanden, die große Anerkennung fanden. Er bekam daraufhin Aufträge in München, in Tirol und in der Steiermark, aber irgendwann zog es ihn nach Ilsenburg zurück. Dort wollte er seine einstige Bleibe wieder mieten, doch diese war besetzt von einer gewissen Baronin von Weiher. Crola wurde neugierig, diesen Namen hatte er schon einmal gehört. Er klopfte an die Tür seiner einstigen Wohnung, die Frau, deren Bilder er in Berlin bewundert hatte, öffnete ihm. Und bald bewunderte Crola nicht mehr nur die Bilder, sondern deren Schöpferin. Dies musste auf Gegenseitigkeit beruhen, denn beide heirateten und arbeiteten fortan Seite an Seite.

Das Ehepaar Crola führte in Ilsenburg eine glückliche Ehe. Es reiste zusammen durch Europa, empfing Künstlerfreunde in seinem Haus. Sie hatten zusammen fünf Kinder. Der älteste Sohn Hugo wurde ebenfalls Maler und war Professor an der Düsseldorfer Malerschule. Im Jahr 1878 starb Elisabeth, ein Jahr später ihr Mann. Sie wurden in Ilsenburg auf dem Kreuzfriedhof begraben. Das Crola-Haus in der Ilsenburger Mühlenstraße 16, ein altes Fachwerkhaus, ist bis heute erhalten.

Adolf Rettelbusch (1858–1934) aus dem thüringischen Kammerforst war ein häufiger Harzreisender, ihm ist ein Gedenkstein auf dem Brocken gewidmet. Er lebte und arbeitete in Magdeburg, doch hatte es ihm der Harz besonders angetan, er erhielt sogar den Beinamen »Brockenmaler«.

Nicht die Naturthemen des Harzes waren sein Metier, sondern als Kirchenmaler machte **Adolf Quensen** (1851–1911) aus Braunschweig von sich reden. Er malte u. a. die Evangelistenbilder im Altarraum der St.-Thomas-Kirche in Wolfshagen. Die wunderschöne Chorbogenausmalung in der Lutherkirche Bad Harzburg stammt ebenfalls von ihm, sie wurde bei einer Renovierung überstrichen, später aber zum Glück wiederentdeckt und restauriert.

Im Gleimhaus in Halberstadt werden u. a. die Werke von **Julius Barheine** (1897–1976), einem Maler ebenfalls aus Halberstadt, gezeigt. Bekannt in seiner Heimatstadt war auch sein Kollege, der Maler **Walter Gemm** (1898–1973). Er war

u. a. der Illustrator der Heimatzeitschrift »Zwischen Harz und Bruch«, setzte sich für den Wiederaufbau des im Zweiten Weltkrieg zerstörten Halberstadt ein und dokumentierte diesen. In der Stadt nannte man ihn darum »Chronist mit Stift und Pinsel«. **Gemm** war wiederum gut befreundet mit dem Harzmaler **Wilhelm Pramme** (1898–1965), der zur damals existierenden Künstlerkolonie Wernigerode gehörte. Diese hatte sich als offene Gruppierung von einheimischen Malern, aber auch solchen, die nach dem Zweiten Weltkrieg in den Harz kamen, gebildet.

Besonders als Maler eines immer wiederkehrenden Motivs, des Baums, wurde **Wilhelm Bobring** (1912–2003)

Georg Heinrich Crola – »Bachlauf bei Ilsenburg« (1841).

bekannt. Der gebürtige Bremer lebte und arbeitete seit 1965 in Bad Sachsa. Er hatte den Harz auf einem Schulausflug für sich entdeckt und blieb ihm fortan sein Leben lang verbunden. Er widmete dann sein ganzes Schaffen der Natur und dabei vornehmlich der im Harz. Das trug ihm den Namen und Ehrentitel »Baummaler des Harzes« ein. Im Jahr 1962 veröffentlichte Wilhelm Bobring sein *Baum Manifest*, worin er schrieb:

> Wunder und Wesen der Natur wird ewig nur der begreifen, der sich davon ergreifen lässt, sich dem Unbegreiflichen beugt und sich mit der Natur verbunden fühlt.

Der Maler inspirierte die Sängerin Alexandra (1942–1969) zu ihrem Lied »Mein Freund der Baum«. Alexandra fuhr gerne nach Bad Sachsa in den Urlaub.

Der Regionalverband Harz zeichnete Wilhelm Bobring 1999 mit dem Kulturpreis aus und würdigte damit seine künstlerische Lebensleistung. Bobrings Bilder von Bäumen und von der Natur sind weit über den Harz hinaus bekannt geworden.

Die Lyonel-Feininger-Galerie in Quedlinburg zeigt eine besondere Ausstellung von Werken von **Lyonel Feininger** (1871–1956) – dem deutsch-amerikanischen Maler, Grafiker und Karikaturisten. Diese Werke hat Feiningers Quedlinburger Freund und Bauhaus-Mitschüler, der Architekt Hermann Klumpp (1902–1987), vor der Vernichtung durch die Nationalsozialisten gerettet. Die DDR ignorierte diese Kunstsammlung lange. Doch Klumpp wurde nicht müde, allen Interessierten in seiner Privatwohnung die Feininger-Werke zu zeigen. Erst im Jahr 1986 ging Klumpps Wunsch nach öffentlicher Zugänglichkeit mit Einrichtung der Lyonel-Feininger-Galerie in Erfüllung. Zudem zeigt die Galerie auch Werke anderer Künstler.

Sondermarke der von 1958, zu Wilhelm Buschs 50. Todestag.

Auch der Urvater der Graphic Novel oder des Comics lebte im Harz: **Wilhelm Busch** (1832–1908). Er wohnte viele Jahre lang in Mechtshausen bei Seesen. Von ihm stammen die berühmten Figuren Max und Moritz, Hans Huckebein, die fromme Helene oder Knopp und die nicht minder bekannten Sprüche aus seinen Bildgeschichten: »Vater werden ist nicht schwer, Vater sein dagegen sehr« oder »Dieses war der erste Streich, doch der zweite folgt sogleich«.

Wilhelm Busch wollte eigentlich Maler werden, seine Bildgeschichten waren für ihn nur zum Broterwerb da, er schätzte sie nicht so hoch ein. Doch sind es genau diese, die ihn weit über seinen Tod hinaus berühmt gemacht haben. Das Wilhelm-Busch-Haus Mechtshausen erinnert an ihn, genauso wie zahlreiche Max-und-Moritz-Figuren.

Namentlich nicht bekannt ist der Maler, der die farbenprächtigen Bilder im **Huldigungssaal im Goslarer Rathaus** geschaffen hat. Er wird als »Meister der Goslarer Sibyllen« bezeichnet. Den Raum, den er geschaffen hat, ist aufgrund seiner Rundumfarbenpracht einerseits an Reizen für das Auge kaum zu überbieten, andererseits aber auch ein Kleinod spätgotischer Raumkunst: Wände, Decken, Fensternischen – alles wurde bemalt und mit Rankenschnitzwerk verziert. Die Malereien stammen aus dem Jahr 1505 bis 1520 und zeigen geistliche, mythologische und weltliche Figuren und Szenen. Um diesen Prachtraum mit dem empfindlichen Kulturgut überhaupt erlebbar zu machen, wurde für Besucher in den Vorräumen des Rathauses ein originalgetreuer Nachbau errichtet.

Max-und-Moritz-Skulptur des Quedlinburger Künstlers Jochen Müller in Mechtshausen.

Wilhelm Schmied – Mosaikkünstler

Manchmal erscholl im Thomas-Müntzer-Schacht die Werk-
sirene zur Unzeit. Dann waren die Frauen der Bergleute sofort
auf den Beinen und liefen zum Schacht, denn es bedeutete,
dass es ein Unglück gegeben hatte. Jede hoffte, dass ihr eigener Mann nicht davon betroffen sei. Der Schacht war nicht
gnädig mit den Bergleuten. Wer nicht erschlagen oder ver-
schüttet wurde, dem zerstörte er die Lungen. Letztendlich
fielen ihm alle, die lange dort gearbeitet hatten, früher oder
später zum Opfer, auch mein Großvater.

Der Schacht mit Förderturm und Halde und ein Bergarbeiter wurden auf einem großen, kunterbunten Mosaikbild (das
man heute noch besichtigen kann) im Sangerhäuser Bahnhof
verewigt. Es stammte vom einheimischen Maler Wilhelm
Schmied (1910–1984). Ich mochte dieses Mosaikbild sehr. Die
einzelnen Steine hatten so ungewöhnliche und schöne Farben,
sie zu betrachten verkürzte mir die Wartezeiten auf den Zug.

*Das Mosaik im Bahnhof
Sangerhausen.*

Willi Neubert – Kunst in Email

Der Maler Willi Neubert (1920–2011) kam nach dem Krieg
nach Thale, wo er als Stahlwerker in den Eisen- und Hüttenwerken arbeitete, aber dann noch ein Studium an der Kunst-

Email-Wandbild von Willi Neubert in Thale.

hochschule Burg Giebichenstein absolvierte und dort zum bildenden Künstler wurde, der sich in Thale niederließ. Dort war er Mitbegründer des Instituts für Architektur-Email (Emailbilder an Bauwerken), dessen Leitung er, zum Professor ernannt, übernahm. In enger Zusammenarbeit mit den Eisen- und Hüttenwerken entwickelte er die Technik der Industrie-Email weiter, bei der farbiges Email, eine Art Schmelzglas, auf Stahlplatten aufgetragen wird, die dann zu großflächigen Werken zusammengesetzt werden. 1977 entstand auf diese Weise das Wandbild an der Stadthalle in Suhl, ebenso das Wandbild »Internationale Solidarität« in der Nähe des Thaler Bahnhofs.

Spuren der Bildhauer und Architekten

Karl Friedrich Schinkel (1781–1841) lebte und arbeitete hauptsächlich in Berlin, erlangte als Maler, Bühnenbildner und besonders als Architekt große Bekanntheit, er entwarf das Schauspielhaus am Berliner Gendarmenmarkt, ebenso das Alte Museum. Im Harz war er in Alexisbad aktiv, wo er einen herzoglichen Teepavillon entwarf – heute ist dies die evangelische Petruskapelle. In Quedlinburg schuf er das Klopstock-Denkmal und in Stolberg lieferte er im Jahr 1832 den Entwurf für das erste Josephskreuz, ein Turm in Form eines Kreuzes. Benannt wurde der Bau nach dem Geldgeber, dem Grafen Joseph zu Stolberg. Die Form des Doppelkreuzes war die Idee von Karl Friedrich Schinkel, doch sein Turm aus Holz fiel Wettern und Unwettern zum Opfer und musste ganz und gar neu erbaut werden. 1896 war es so weit, Otto Beißwänger entwarf für die von Schinkel stammende Form eine Konstruk-

Das Josephskreuz heute.

tion aus Stahlfachwerk, 38 Meter hoch, von 100 000 Nieten zusammengehalten, eindeutig inspiriert von Gustave Eiffel und dessen berühmtem Turm in Paris.

> Wir trampten einmal bis nach Stolberg, der Geburtsstadt von Thomas Müntzer, wanderten zum Großen Auerberg und kletterten aufs Josephskreuz.
> Zweihundert Stufen mussten wir auf einer Wendeltreppe nach oben steigen. Der Turm schwankte, und das war sehr abenteuerlich. Ein bisschen wie auf See, nur dass das Meer aus grünen Baumwipfeln bestand. Wir konnten bis nach Magdeburg schauen und den damals noch gesperrten Brocken sehen, das Fachwerkstädtchen Stolberg natürlich mit seinem Barockschloss und der St.-Martinikirche, wo im 16. Jahrhundert Martin Luther gegen Thomas Müntzers Bauernaufstand predigte.
>
> Anna Schellenstede, Leipzig

Der in Blankenburg geborene Architekt **Carl Frühling** (1839–1912) war Baumeister und Fürstlich-Stolbergischer Baurat. Er war der leitende Architekt beim Umbau des Wernigeröder Schlosses, dem er zu seinem heutigen Erscheinungsbild verhalf. Das Schloss wurde durch Frühling zu einem Leitbau des norddeutschen Historismus. Auch beim Bau des Ilsenburger Schlosses und des Klosters war Carl Frühling federführend beteiligt.

Johann Heinrich Kurecks (1821–1889) Name ist eng verknüpft mit dem Technischen Museum Maschinenfabrik Carlswerk und dem Eisenhüttenwerk Mägdesprung. Dort arbeitete er von 1843 bis 1884 als Modelleur für den Kunsteisenguss. Von ihm stammen u. a. die Eisenskulpturen »Akademie Hirsch« und »Besiegter Hirsch« – einer in Mägdesprung zu sehen, der andere in Alexisbad. Ebenfalls von Kureck stammen die Fontäne »Geflügelter Lindwurm« im Schlosspark Ballenstedt sowie eine Reihe von Plastiken zu Goethes Fabel *Reinecke Fuchs*. Als Auszeichnung für seine Arbeiten wurde er zum Hofkunstmodelleur ernannt und erhielt den Titel »Akademie-Künstler«.

An dieser Stelle des Buches sollen nun auch Bernhard Sehring und seine Roseburg ihren Platz finden. Mitunter kommt es vor, dass die Roseburg Reisende von ihrem Weg abbringt, die den Turm der Burg überraschend hinter einer Straßenkurve auftauchen sehen, so dass sie die Fahrt zu anderen Harzattraktionen unterbrechen, um mal schnell zu gucken, was es hier zu sehen gibt und dann staunend wie Kinder durch die nach wie vor traumhafte Anlage streifen.

Ihre Geschichte begann so: An einem sonnigen Nachmittag etwa im Jahr 1904 stapfte der Preisträger des Großen Akademischen Staatspreises und des Schinkelpreises, der Architekt Bernhard Sehring (1855–1941), durch die Straßen von Berlin, etwas müde von der Arbeit an einem neuen Theaterhaus in Düsseldorf und an den Plänen für eines in Cottbus. Er wollte im Café des Westens, auch genannt Café Größenwahn, ein wenig mit Künstlerkollegen plaudern. Sie wussten von seinen Träumen, denn er sprach gerne darüber: Phantasien von Rittern und Burgherren, von prachtvollen Gärten und erhabenen Skulpturen. Vielleicht lächelten sie über das Märchenhafte daran, hatte er doch reichlich Gelegenheit, seine Schöpferkraft in guten Auftragsarbeiten auszuleben, die noch heute

Roseburg, Detail.

die Menschen zum Staunen bringen – wie z. B. das Theater des Westens in Berlin. Doch Sehring träumte von seiner freien Entfaltung als Architekt, ohne auf Vorgaben von Auftraggebern oder Begrenzungen des Baugrundes achten zu müssen. Er hatte bereits ein Grundstück erworben: 52 Morgen Land auf einer Bergkuppe zwischen Ballenstedt und Gernrode, ein Grundstück wie geschaffen für den überbordenden Ideenreichtum Bernhard Sehrings.

»Dort, am Rand des Harzes baue ich uns eine neue Burg. Und ich baue so, wie es mir gefällt. Es wird ein Märchenschloss, Hildegard, darin werden wir unsere Sommer verbringen und dort werden wir ganz und gar leben, wenn wir alt sind«, sagte er zu seiner Frau.

Er zeichnete Zinnen und Burgmauern, einen Garten mit Wasserachse, von Greifen bewacht. »Roseburg« nannte er sein

Roseburg, Wasserachse.

Traumschloss. Drei Jahre später begannen die Arbeiten. Und im Sommer 1908 schrieb er in sein Tagebuch:

> Endlich, im Sommer 1908 war der Bau so weit gefördert, dass ich mit meiner Familie einziehen konnte, den Sommer dort wohnen und meine gesammelten Kunstschätze aufstellen konnte.

In den weiteren Jahren gestaltete Sehring den Park ebenfalls ganz nach seinen Vorstellungen, Wasserspiele, Türme, Brücken, Brüstungen, Skulpturen von Löwen und Engeln fügte er harmonisch in die Landschaft ein, ließ seltene Hölzer pflanzen, legte Wege entlang der Wasserachse und durch den Park an, schuf wundervolle Aussichtspunkte auf das umliegende Land.

Luftschlösser mag es viele geben, doch hier war ein Mann, der es vermocht hatte, dem Seinigen zu wahrer Gestalt zu verhelfen.

Ein weiterer phantasievoller Künstler und Zeitgenosse von Sehring war **Bernhard Hoetger** (1874–1949): Professor in den Künstlerkolonien Darmstadt und Worpswede, expressionistischer Bildhauer, Maler, Architekt und Kunsthandwerker. In Bad Harzburg nutzte Hoetger das einheimische Material und baute das wunderschöne, verrückte, verspielte und märchenhafte Café Winuwuk nebst dem ebenso eigenwillig geformten Sonnenhof – keine Wand im Café, in dessen Mitte ein runder Kamin bollert, ist gerade, die Dächer werden von natürlich gewachsenen Eichenbalken gestützt, ihre Giebel sind mit geschnitzten Vögeln verziert. In die Wände selbst sind Kunstwerke eingelassen, Figuren, Glaskunst, Schnitzereien, Wandmalereien … In jedem Winkel gibt es etwas zum Bestaunen. Im Zentrum des Donat-förmigen Teils des Sonnenhofes dringt Licht in einen kleinen kreisrunden Garten, in dessen Mitte wiederum ein kleiner Brunnen plätschert.

Der Name »Winuwuk« ist ein Akronym, das Hoetger aus den Anfangsbuchstaben von »Weg im Norden und Wunder und Kunst« erschuf.

Ein Künstler der Gegenwart ist der Quedlinburger Diplom-Metallgestalter **Jochen Müller**, geboren 1959. Müller ist Schöpfer zahlreicher Bronze- und Metallskulpturen im Harz

(und auch in anderen Regionen), die ins Auge fallen, die Freude bereiten, weil sie detailreich, liebevoll und humorvoll ge-

Café Winuwuk – Kunstwerke im Kunstwerk.

staltet sind. So erschuf Müller die viel bewunderte, fotografierte und erkletterte Figurengruppe auf dem Hexentanzplatz in Thale. Auf einem riesigen Findling thront breit grinsend der pferdehufige Teufel mit goldglänzenden Hörnern, und ein schweineähnlicher Gnom sitzt zu seinen Füßen, Hexenchefin Watelinde versucht vergebens einen Stein mit weit ausgestrecktem Po und vor Anstrengung zerknautschtem Gesicht von der Stelle zu schieben. Ihre Nase leuchtet goldig-blankgeputzt in ihrem Gesicht, weil zigtausend Touristen sie einfach anfassen müssen.

In Thale steht weiterhin Müllers »Brunnen der Weisheit« mit dem einäugigen Gott Odin als Protagonisten. Weitere Figuren befinden sich auf den Spuren des »Mythenpfades«, Bergmönch und Kobold beispielsweise. Der Thalix – eine kleine Teufelsfigur – weist Besuchern den Weg zum Hexentanzplatz ...

Jochen Müller ist auch der Künstler, der den Jungbrunnen in Bad Harzburg mit seinen illustren Figuren bestückte: mit dem schamhaften König und der Holden mit dem Schlangenzopf, Waldgott Krodo mit Fisch und Wagenrad, mit lustigen Engelsfiguren in Form von dicken, kleinen, fröhlichen alten geflügelten Männern, nicht zu vergessen das Teufelchen, das

161

Der Jungbrunnen in Bad Harzburg im Sommer.

von außen in den Brunnen pisst. Dieser Brunnen ein denkmalgewordenes Kabarett, und man mag sich immer wieder daran erfreuen.

Weitere Orte der Kunst im Harz sind das **Mönchehaus** in Goslar, wo vor allem die Werke der Kaiserring-Träger ausgestellt werden, oder auch das **Kunsthaus Meyenburg** in Nordhausen. Abschließen möchte ich das Thema der bildenden Kunst mit den **Treppenkäfern** von Nordhausen. Die gibt es nur dort. Es sind ca. 40 Zentimeter hohe Bronzefiguren, die die verschiedenen Treppen der Stadt besiedeln, jeder mit eigenem Namen und eigener Geschichte, entworfen von Nordhäusern für Nordhäuser (eine Initiative des Jugend Sozialwerks Nordhausen e. V.). Sie tragen Namen wie Findulin, Selina Marie, Ecki und Wasserträger, Telefunny und Plasmolino. Es handelt sich um eine wachsende Population. Jeden ersten Sonntag im Monat gibt es einen geführten Treppenkäferrundgang zu den Sehenswürdigkeiten der Stadt.

Mit Worten die Zeit überdauert

Dichter und Schriftsteller des Harzes

Einer der ganz frühen Autoren aus dem Harz ist **Heinrich von Morungen** (ca. 1150–1222). Der bekannte Minnesänger, der in Morungen bei Wettelrode / Sangerhausen geboren wurde, hinterließ ein Werk von 35 Minneliedern.

Novalis (1772–1801), geboren in Oberwiederstedt im Mansfelder Land, der frühromantische Autor der *Hymnen an die Nacht*, Schöpfer von *Heinrich von Ofterdingen* und dem Symbol der Blauen Blume, stammt aus dem Harzvorland. Er kam 1772 als Georg Friedrich Philipp Freiherr von Hardenberg zur Welt, Sohn einer bedeutenden Adelsfamilie mit zahlreichen Gütern im Harzvorland. »De novalis« – die »Neuland roden« –, von diesem Namenszusatz abgeleitet soll er sich sein Pseudonym »Novalis« gegeben haben. Er starb mit nur 33 Jahren vermutlich an den Folgen der Erbkrankheit Mukoviszidose.

Harz, du Muttergebürg ...

... Gütig lässest du zu, dass dir dein Eingeweid
Mit der emsigen Hand durchwühlt
Nach verderbendem Gold und nach dem Silbererz
Unersättlicher Menschendurst,

Aber schenkest uns auch Kupfer und tötend Blei
Eisen nützlich dem Menschengeschlecht
Das den Acker durchfurcht, Sterblichen Speise gibt
Und dem gütigen Ofen Holz ...

Novalis, Auszug aus dem Gedicht »Der Harz«

Die Forschungsstätte für Frühromantik, das Novalis-Museum, belebt dieses Vermächtnis durch Ausstellungen, den Aufbau einer imaginären Novalisbibliothek, Forschungsarbeit sowie durch ein vielseitiges Veranstaltungsprogramm und den »blauen Garten« vor dem Renaissanceschloss Oberwiederstedt.

Von Schloss Oberwiederstedt geht es weiter nach Halberstadt. Hier trägt ein Gebäude, das Gleimhaus, noch heute den Namen eines Zeitgenossen von Novalis: **Johann Wilhelm Ludwig Gleim** (1719–1803). Er war Zeit seines Lebens mit Halberstadt verbunden. Gleim schuf anerkannte literarische Werke und gründete den Halberstädter Dichterkreis, er war eine Instanz im literarischen Leben seiner Zeit. Mit vielen Dichtern und Literaten seiner Zeit war er freundschaftlich verbunden oder bekannt. Er sammelte Bücher, bewahrte Briefe seiner umfangreichen Korrespondenz auf, schmückte die Wände seines Hauses mit den gemalten Portraits seiner Freunde und Bekannten. Sein Nachlass war einmalig. Aus diesem wurde schon im Jahr 1862 das Museum in Gleims ehemaligem Halberstädter Wohnhaus gegründet. Es ist damit eines der ältesten deutschen Literaturmuseen, das heute noch existiert.

Friedrich Gottlieb Klopstock (1724–1803) wurde in Quedlinburg geboren und wuchs dort auf, er schrieb während seines Studiums das aufsehenerregende Werk *Messias*, auch seine Gedichte waren für seine Leser etwas völlig Neues, er gilt als Begründer des deutschen Irrationalismus und der Erlebnisdichtung und war damit Vorbild für jüngere Kollegen wie Goethe, Schiller und Hölderlin. In Quedlinburg steht noch sein Geburtshaus als Museum, das seiner gedenkt, im Brühl-Park findet sich ein Denkmal für Klopstock.

Gottfried August Bürger (1747–1794) wurde in Molmerswende bei Quedlinburg geboren. Weltberühmt wurde er mit der Niederschrift seiner Münchhausen-Geschichten *Wunderbare Reisen zu Wasser und zu Lande – Feldzüge und lustige Abenteuer des Freiherrn von Münchhausen wie der dieselben bei der Flasche im Zirkel seiner Freunde selbst zu erzählen pflegt*. Bürger schrieb seine Gedichte und Geschichten für jedermann verständlich in einer nachvollziehbaren, volkstümlichen Sprache. Mehr als 180 Komponisten vertonten seine Texte.

Wilhelmine Heimburg (1848–1912) stammte aus Thale, ihr bürgerlicher Name lautete Emilie Wilhelmine Bertha Behrens. Ihr wohl bekanntestes Werk war *Lumpenmüllers Lieschen* (1879). Zeitlebens fühlte sie sich der Heimat ihrer Jugend verbunden, zahlreiche ihrer Werke wie z. B. *Kloster Wendhusen* oder *Trudchens Heirat* haben die Handlungsorte Thale, Quedlinburg und

Ballenstedt sowie deren Umgebung. Die Autorin erfuhr zu Lebzeiten großen Zuspruch durch die Leserschaft und war damals berühmter als ihr Zeitgenosse Theodor Fontane.

Als Vertreter der Moderne ist **Fritz Graßhoff** (1913–1997) zu nennen, als Sohn eines ehemaligen Seemanns und Kohlehändlers in Quedlinburg geboren und aufgewachsen. Er war Maler, Schriftsteller und Liederdichter, dessen Balladen ebenso wie seine Bilder das Milieu der Spelunken widerspiegeln. Bekannt wurde er als Dichter von Schlagertexten für Lale Andersen, Freddy Quinn und Hans Albers. »Nimm mich mit, Kapitän, auf die Reise« stammt von ihm. Im Jahr 1947 war er Herausgeber der Lyriksammlung *Halunkenpostille – Rumpelkammerromanzen, Hafenballaden, Spelunkensongs*, viele seiner darin veröffentlichten Gedichte wurden später von Musikern vertont. Graßhoff ist auch Autor des biografischen Romans *Der blaue Heinrich* von 1980, der ihm einen anerkannten Platz in der Literatur einräumte. Seine Lesungen hielt er in Begleitung eines Schlagzeuges von einem Lastwagen herunter.

Eine wichtige Stimme des 20. Jahrhunderts war die Lyrikerin **Sarah Kirsch** (1935–2013), ihr Geburtsort war Limlingerode im Südharz, Landkreis Nordhausen, wo sie als Ingrid Hella Bernstein geboren wurde, dann in Halberstadt aufwuchs. Bei den ersten Veröffentlichungen ihrer Gedichte nimmt sie den Namen »Sarah« als Protest gegen die Judenverfolgung während der Zeit des Faschismus an. Verheiratet war Sarah Kirsch mit dem Lyriker Rainer Kirsch. In der DDR eckte sie mit ihrer Kunst an, wurde aus Partei und Schriftstellerverband ausgeschlossen, siedelte nach West-Berlin über, lebte später im Norden Deutschlands und trat auch als Malerin in Erscheinung. In ihrem Geburtsort Limlingerode gründete sich der Förderverein Dichterstätte Sarah Kirsch e. V., der sich um die Sanierung ihres Geburtshauses, dem ehemaligen Pfarrhaus neben der Kirche, kümmerte. 2002 konnte das Gebäude dann als Forschungsbibliothek, Galerie und Veranstaltungsort eröffnet werden.

Die Vögel singen im Regen am schönsten.

Sarah Kirsch

Das frühere Pfarrhaus in Limlingerode, Geburtshaus von Sarah Kirsch, heute Dichterstätte Sarah Kirsch.

Zeitgenosse von Sarah Kirsch war **Einar Schleef** (1944–2001), deutschlandweit bekannt als Multikünstler, Autor, Theaterregisseur, Maler und Fotograf, geboren und gestorben in Sangerhausen.

Auf Initiative eines eigens gegründeten Arbeitskreises, der das Andenken an den Künstler bewahren möchte, wurde im Mai 2003 das Einar-Schleef-Zentrum im Spengler-Museum Sangerhausen eröffnet. Darin werden Einar Schleefs Gemälde gezeigt sowie in Hör- und Videostationen Schleefs Schaffen als Theatermacher erlebbar gemacht. Mit seinem Roman *Gertrud* machte Schleef seine Geburtsstadt Sangerhausen zu einem Literaturort. Der Text ist ein Monolog seiner Mutter Gertrud über ihr Leben und ihre Familie in der Südharzstadt.

Berühmte harzreisende Dichter

Der forschende Dichter **Johann Wolfgang von Goethe** (1749–1832) besuchte den Harz des Öfteren, eine Zeitlang arbeitete er im Schloss Allstedt für die Regierung. Drei Mal bestieg er den Brocken, der damals touristisch noch völlig unerschlossen war – der Weg nach oben muss abenteuerlich gewesen sein. Und, da Goethe mitten im Winter hinaufstieg, auch gefährlich.

Goethe kam als Forscher der Geologie und des Bergbaus, doch was er sah, floss auch in seine Literatur ein. Er besichtigte die Rübeländer Baumannshöhle, wanderte durch Clausthal-Zellerfeld, besichtigte den Bergbaubetrieb im Rammelsberg in Goslar sowie die Gruben bei Clausthal-Zellerfeld, er besuchte Elbingerode, Sangerhausen, Nordhausen, Wernigerode und viele andere Städte sowie Stätten: Rosstrappe und Hexentanzplatz, Hübichenstein, Teufelsmauer und Feuersteinklippen ... eigentlich war er überall im Harz. Der Brocken und der Weg dorthin wurden zum Schauplatz einer Szene im *Faust*.

Harzgebirg,
Gegend von Schierke und Elend
Faust und Mephistopheles.

MEPHISTOPHELES:
Verlangst du nicht nach einem Besenstiele?
Ich wünschte mir den allerderbsten Bock.
Auf diesem Weg sind wir noch weit vom Ziele.

FAUST:
Solang ich mich noch frisch auf meinen Beinen fühle,
genügt mir dieser Knotenstock.
Was hilfts, dass man den Weg verkürzt!
Im Labyrinth der Täler hinzuschleichen,
dann diesen Felsen zu ersteigen,
von dem der Quell sich ewig sprudelnd stürzt,
das ist die Lust, die solche Pfade würzt!

Johann Wolfgang von Goethe, *Faust I*

Theodor Fontane (1819–1898), geboren in Neuruppin, war häufiger Gast im Hotel Zehnpfund in Thale. Dort sah er unter

den Besuchern die erste Erscheinung seiner künftigen Roman-
figur Effi Briest und dort ankert auch ein Teil seines Romans
Cécile. Mehrere Ausflüge in den Harz – zur Rosstrappe, nach
Quedlinburg und Altenbrak – werden darin beschrieben.

> Ich saß im Zehnpfund-Hotel, auf dem oft beschriebenen Bal-
> kon und sah nach der Rosstrappe hinauf, als ein englisches
> Geschwisterpaar hinaustrat. Das Mädchen war genauso ge-
> kleidet, wie ich Effi in den allerersten und dann auch wieder
> in den allerletzten Kapiteln geschildert habe: Hänger, blau
> und weiß gestreifter Kattun, Ledergürtel und Matrosenkra-
> gen. Ich glaube, dass ich für meine Heldin keine bessere Er-
> scheinung und Einkleidung finden konnte.

Theodor Fontane, 1895 in Thale

Das Hotel Zehnpfund wurde 1863 nach Einrichtung des Eisen-
bahnanschlusses für Thale nahe dem Bahnhof gebaut und
galt als das größte Sommerhotel Deutschlands. Es war das
vornehmste des Harzes, verfügte über 120 Zimmer und wurde von der Magdeburg-Halberstädter Eisenbahngesellschaft
betrieben.

Nach einer wechselvollen Geschichte als Hotel, Reserve-
Lazarett, Verwaltungs- und Bankgebäude, Rathaus und Bibliothek steht es nun leer und harrt einer neuen Nutzung.

Ein weiterer illustrer Name verbindet sich mit dem Harz:
Hans Christian Andersen (1805–1875), geboren im dänischen
Odense. Er ist der weltberühmte dänische Märchendichter,
Schöpfer der kleinen Meerjungfrau, der Schneekönigin, des
standhaften Zinnsoldaten und vieler anderer. Auch er wan-
derte durch den Harz: Mit offenem Blick und großer Neugier
besuchte er Bergwerke und Städte, bestieg den Brocken und
watete durch Bäche. Was er sah und ihm dabei durch den
Kopf ging, das schrieb er in seinem Reisebuch *Umrisse einer
Reise – von Kopenhagen nach dem Harze, der Sächsischen
Schweiz und über Berlin zurück* aus dem Jahr 1831 nieder. Im
Harz faszinierten ihn vor allem die Sagen, die er allerorten
fand, das schieferfarbene Goslar erschien ihm des Nachts ver-
zaubert und versteinert und morgens wie ein Wunder zu neu-

em farbigen Leben erwacht, das Bergwerk
im Rammelsberg flößte ihm großen Res-
pekt ein, auf wackligen Leitern und nur mit

*Hotel Zehnpfund um 1914
auf einer alten Postkarte.*

spärlichem Licht ausgestattet stieg er in die Rübeländer Tropfsteinhöhlen. Unterwegs traf er unzählige andere Reisende,
mit denen er sich austauschte.

Hier bekam ich eine Vorstellung von einem nordländischen
Riesenberg recht im Großen; der Brocken ist einer. Stein liegt
auf Stein geschichtet und eine wunderbare Stille ruht über
dem Ganzen; kein Vogel zwitschert in den verkrüppelten
Fichten; ringsum wachsen weiße Grasblumen im hohen
Moose, und Steine liegen in Massen neben deren Gipfel.
Wir waren nun oben; allein alles war Nebel. Wir standen
im Gewölk. Vom Wirtshaus brauste uns ein Musikchor entgegen; dort waren vierzig Reisende; ein Teil derselben hatte
musikalische Instrumente mitgenommen, und spielte lustig
aus Fra Diavolo, der Stummen und andere bekannte Stücke.
Viereinhalbtausend Pariser Fuß über der Meeresfläche, mitten im Gewölk jedoch, hinter einer fünf Fuß hohen Mauer
saß ich in einem kleinen Stübchen und wärmte mich am heißen Ofen. Die Matratzen im Bette sind mit Tang aus Däne-

169

mark gefüllt, ich konnte also hoch im fremden Wolkenhimmel auf dänischem Grunde ruhen.

Hans Christian Andersen, *Reisebuch*

Die Vögel begannen zu singen; der Tau lag in klaren Tropfen auf den Blumen und die Sonne schien draußen auf die große, prachtvolle Landschaft. Die Welt ist schön!

Hans Christian Andersen 1831 auf dem Weg
vom Brocken Richtung Elbingerode

Christian Johann Heinrich Heine (1797–1856), geboren in Düsseldorf, später emigriert nach Frankreich, war ein pointiert denkender Dichter, dem stets auch eine gute Portion scharfzüngiger Ironie zur Verfügung stand, um als Schriftsteller, Journalist und Dichter auf die Ereignisse seiner Zeit zu reagieren, so wie auch auf die Anfeindungen, denen er als Sohn einer jüdischen Familie immer wieder ausgesetzt war.

Seine Harzreise unternahm er als Student, um Abstand von seinem Studienort Göttingen zu gewinnen. Er wanderte vier Wochen lang über Weende nach Nörten, von dort nach Osterode, Lerbach, Clausthal-Zellerfeld, Goslar, auf den Brocken und durch die Täler der Ilse, Selke und Bode. Seine Eindrücke brachte er zu Papier, schrieb wechselnd in Prosa und in Versen.

Nach diesem Geschäfte ging ich noch auf dem Brocken spazieren; denn ganz dunkel wird es dort nie. Der Nebel war nicht stark, und ich betrachtete die Umrisse der beiden Hügel, die man den Hexenaltar und die Teufelskanzel nennt. Ich schoss meine Pistolen ab, doch es gab kein Echo.

Heinrich Heine, 1824, *Die Harzreise*

Der Heinrich-Heine-Wanderweg führt von Ilsenburg durch das Ilsetal zum Brocken. Ein Heine-Denkmal im Tal und ein Heine-Gedenkstein auf dem Brockengipfel markieren Anfang und Ende der Tour.

Walpurgis, Erbsbär und Grasedanz

Harzer Brauchtumsfeste mit illustren Gästen

Walpurgis

Es gab einst eine englische Äbtissin namens Walpurga, die wurde an einem 1. Mai heiliggesprochen und diese Nacht zum 1. Mai wurde Walpurgisnacht genannt. Vermischt mit einigen anderen Volkstraditionen wie der Tanz in den Mai, die Verjagung von Dämonen durch die Maifeuer, die mittelalterliche Angst vor Frauen allgemein und ihre Stigmatisierung und Verfolgung als Hexen, die generelle Lust an Gruselgeschichten und am Feiern haben daraus einen Brauch gemacht, der vor allem im Harz – dem Ge- *Walpurgisnacht im Harz.*

birge mit dem Brocken in der Mitte – seine besondere Ausprägung fand: der Hexen- und Teufelstanz in der Walpurgisnacht. Die Geschichte geht so: Sobald die Sonne untergegangen ist, schleichen sich die Frauen aus den Häusern, greifen nach Besen, alten Fässern, Badewannen, Zaunlatten, Ziegenböcken und derlei mehr, und wer damit fliegen kann, ist eine echte Hexe und saust geschwind zum Hexentanzplatz, wo sich alle treffen, um dann gemeinsam als großes Flugfrauen-Geschwader zum Brocken weiterzufliegen, zum Tanz mit dem Teufel und seinen Dämonen. Bis Schlag zwölf die Maikönigin erscheint und dem Spuk ein Ende setzt und die helle, sonnige Jahreszeit verkündet.

Gefeiert wird die Walpurgisnacht überall im Harz, in vielen Städten und Dörfern, mit Bühnen, Tanz und reichlich Bier, der Brocken selbst bleibt als Naturschutzgebiet inzwischen vom Spektakel verschont. Im brockennahen Schierke fällt die Feierlichkeit recht groß aus, ebenso auf dem Hexentanzplatz bei Thale.

> Der Hexentanzplatz ist meines Wissens auch ein altsächsischer Kult-Ort, an dem in der Nacht zum 1. Mai zur Verehrung der Hagedisen – der Wald und Berggöttinnen – Feste abgehalten wurden. Der Ort wurde erst nach dem Verbot des Kultes durch die zugewanderten christlichen Franken zum Hexentanzplatz. Der Überlieferung nach wurde der Platz, zur Kontrolle des Verbots von fränkischen Soldaten bewacht, die von als Hexen verkleideten und auf Besen anreitenden Sachsen verjagt wurden.

> Rosemarie Tippold, Magdeburg

Grasedanz

Ein besonderes harztypisches Brauchtumsfest wird seit einigen Jahrhunderten jedes Jahr in Hüttenrode und in Neuwerk/Rübeland gefeiert: der Grasedanz.

Seit dem Jahr 1885 findet es in Hüttenrode immer am ersten Augustwochenende statt. Mit dem dreitägigen Fest feiern die Frauen den Abschluss der Heuernte. Diese Heuernte war vor über hundert Jahren Aufgabe der Frauen, die für ihre Ziegen und Kühe sorgen mussten, im Wald das Gras schnitten und es in großen, schweren Kiepen nach Hause trugen. Nach Abschluss der Rackerei nahmen sie sich ein Wochenende frei und feierten. Das Heu wird inzwischen anders gewonnen, doch das Fest ist geblieben. Natürlich feiern die Frauen dieses Fest zusammen mit den Männern, doch herrscht für diese Zeit Frauenrecht – es gilt nur Damenwahl beim Tanz und alle Hausschlüssel werden von den Frauen verwahrt.

In Neuwerk wird der Grasedanz auf ähnliche Weise gefeiert. Hier gilt das Frauenrecht schon am dritten Juli-Wochenende.

Der Erbsbär

Durch Alterode zieht seit 1956 alljährlich am vierten Julimontag der Erbsbär. Zu einer Zeit, als Hausschlachtungen gang und gäbe waren und die Leute Bratwürste und Schinken schon zum Frühstück vertrugen, kam man auf die Idee, den Erbsbär und seinen Helfern bereits am Morgen ein deftiges Frühstück anzubieten. Es wurde ein Glas mit saurer Rotwurst aus der letzten Reihe im Keller geholt und zum deftigen Frühstück serviert. Der Erbsbärendarsteller wird dann in einem dicken Bündel aus Stroh verpackt, so dass nur noch die Füße herausgucken. »Kostüm« kann man das eigentlich nicht mehr nennen – dieser dicke Strohhaufen auf Beinen wird dann von einem Bärenführer durch das Dorf geführt, was meist bis zu vier Stunden dauert und für den Bärendarsteller eine Tortur ist, weshalb hierfür immer junge, kräftige Menschen ausgewählt werden.

In Braunschwende (Mansfeld-Südharz) hat es der Erbsbär ein wenig leichter, da wird er am 27. Dezember durchs Dorf geführt – bei winterlichen Temperaturen ist das Stroh eine willkommene Wärmequelle.

Was es mit dem Erbsbär auf sich hat, wissen wir nicht so genau. Er ist ein Wesen des Erntedanks und auch ein strohballiger Kraftprotz, der Sorgen und Nöte vertreiben soll.

Harzer Finkenmanöver

Dies ist ein Wettbewerb der Buchfinken, ein Brauchtum aus dem 15. Jahrhundert, das in einigen Harzorten meist um die Pfingstzeit herum noch lebendig ist, so in Wieda, Altenau, Sankt Andreasberg, Hasselfelde, Thale, Hohegeiß, Benneckenstein und Tanne. Der Wettbewerb der kleinen Federkerlchen findet im frühen Morgengrauen statt. Das ist ihre Zeit des Singens. Beim Gesang der Finken werden die »Finkenschläge« gezählt – welcher Fink in einer halben Stunde die meisten Schläge singt. Finken, die nicht mehr singen, werden aus dem Wettkampf genommen, die übrigen werden in einem engeren Kreis zusammengestellt. Der Fink, der am Ende die meisten Gesänge vorträgt, hat gewonnen. Sein Züchter erhält einen Preis. Das Finkenmanöver wird mit einem Volksfest gefeiert, mit Folkloredarbietungen, Essen, Trinken und Pfingstfeuern zum Stockbrotrösten. In Benneckenstein werden in den Feuern nach speziellem Rezept hergestellte Pfingstwürste gebraten.

Harzer Hirschrufmeisterschaften in Sankt Andreasberg

Sankt Andreasberg ist die Hochburg der Hirschrufmeister. Jedes Jahr, meist im September, treffen sich in der Bergstadt Männer, die den Brunftruf der Harzer Rothirsche gut nachahmen können, z. B. die Rufe »suchender Hirsch« oder »Kampfschrei«. Beim Um-die-Wette-Röhren dürfen auch Hilfsmittel wie leere Biergläser benutzt werden.

Viehaustrieb in Wildemann

Am Pfingstsonntagmorgen um 7 Uhr knallen die Peitschen in Wildemann, die Harzer Hirten wecken die Gemeinde und rufen zum traditionellen Viehaustrieb. Festlich geschmückt steht die Kuhherde bereit, Blumen ins Gehörn gebunden, Harzer Folkloregruppen, Fuhrleute, Oldtimer-Traktor-Chauffeure, Kiepenfrauen und Blaskapellen begleiten die Herde in einem großen Umzug, der am Bergbauernhof Klein Tirol startet. Ziel ist die Gartenwirtschaft am Schwarzewald, wo feierlich die städtischen Kuhhirten ernannt werden. Ein Festprogramm für die ganze Familie und ein Hirtenstammtisch locken Besucher an. Es gibt Harzer Spezialitäten, Harzer Handwerk, Spiele, Wettbewerbe und Vorführungen der Brauchtumsgruppen. Am Nachmittag werden die Kühe zum Bergbauernhof zurückgetrieben. Ein ähnliches Fest ist der Kuhball in Tanne.

Berg- und Rosenfest in Sangerhausen

An jedem letzten Juniwochenende lädt die Stadt Sangerhausen zum Berg- und Rosenfest ins Rosarium ein. Dieser wunder-

8 500 Rosensorten gibt es im Rosarium Sangerhausen.

schöne Garten besitzt die europagrößte Rosensammlung. Die prachtvollen Blüten, namhafte Künstler und Magier sowie Darsteller in phantasievollen Kostümen verzaubern ihr Publikum bei dem Fest.

Sehusafest

Am ersten Septemberwochenende jedes Jahres findet in Seesen das größte Historienfest in Norddeutschland statt: das dreitägige Sehusafest. Über tausend Seesener spielen in historischen Kostümen die Geschichte ihrer Stadt vom Mittelalter bis zum Rokoko nach. Sie schlagen als Tillys Truppen ein großes Heerlager auf der Festwiese auf, kämpfen als Ritter oder ziehen als Marketenderinnen durch die Straßen. Zehn-

Feuerjongleur auf dem Sehusafest.

ausende Besucher werden jedes Mal erwartet. Abends im Fackelschein wird dann von den Seesenern jedes Jahr die Sage vom Silberhol gespielt – die von der freundlichen Räubertochter Jutta handelt und von der im Sumpfloch versunkenen Räuberburg voller geraubter Schätze. All dies, die Feuer und Fackeln, die Gewandungen und die Geschichten, verleiht dem Fest eine besondere, intensive Atmosphäre.

Das Questenfest in Questenberg

Ein uralter germanischer Brauch ist wohl das Questenfest, das jedes Jahr zu Pfingsten auf einer Bergkuppe beim Ort Questenberg gefeiert wird. Auf einem 10 Meter hohen Baumstamm hängt die sogenannte Queste: ein Kranz aus Zweigen

Die Queste – Symbol für das Questenfest.

und Ästen, ein Sonnensymbol, das über das Jahr hin trocken und rau wird. Zu Pfingsten sammeln die Menschen des Ortes frisches Grün und ziehen damit zur Bergkuppe hinauf. Der alte Kranz wird abgenommen und das alte Holz vom Vorjahr wird verbrannt. Ein neuer Kranz wird aus dem frischen Grün gewunden und wieder am Baumstamm angebracht. Rund um diese Arbeiten feiern die Leute den Frühling mit einem bunten Volksfest.

Salz- und Lichterfest

Beim Salzfestspiel im Jahr 2008 wurde die Geschichte von Bad Harzburg als Freiluftspektakel präsentiert. Auf dem Probefoto zu sehen: die Salzkristalle.

Das einst von Herzog Julius eingeführte historische **Salz- und Lichterfest** in Bad Harzburg bezaubert durch nächtliche Illumination der Stadt durch Tausende Teelichter, Laternen und Lichtinstallationen, Livebühnen und Straßentheater.

Köhlerfest

Impressionen vom Lichter-fest in Bad Harzburg.

Beim **Köhlerfest in Hasselfelde** in der Harzköhlerei Stemberghaus wird ein Meiler fachgerecht auf die althergebrachte Weise angesteckt. Es singt der Köhlerchor, ein Bogenschieß-Wettbewerb entscheidet über die Vergabe des Köhlerpokals, Familienprogramm und Handwerkermarkt runden die Aktivitäten ab.

Die Osterfeuer

Sie haben im Harz überall Tradition und brennen in der Nacht zum Ostersonntag in fast jedem Ort. Die Gemeinde Stecklenberg schrieb sich eines Tages auf die Fahnen, einen Rekordversuch für das Guinnessbuch zu versuchen und wollte das größte Osterfeuer der Welt anzünden. 34 Meter hoch schichteten die Stecklenberger ihren Holzhaufen. Der Winter ward damit erfolgreich vertrieben und das Ereignis im Guinnessbuch der Rekorde notiert. Gleichwohl gibt es überall im Harz andere Osterfeuer, die vielleicht nicht von Besuchern überlaufen sind, aber genauso schön leuchten, wärmen und den Winter vertreiben bei Bratwurst, Bier und Plausch.

Die Tränen des Krodo und ihre Heilkraft

Von besonderen Quellen und der Entwicklung der Kurorte

In einem alten Märchen wird erzählt, der krötengestaltige Waldgott Krodo (siehe Foto S. 142) habe sich eines Tages in ein junges Mädchen aus dem Dorf unter der Harzburg verliebt. Die Dorfbewohner seien darüber so empört gewesen, dass sie den Krodo davonjagten. Dieser habe sich daraufhin 800 Meter tief unter die Erde zurückgezogen und mehrere Jahrhunderte lang salzige Tränen geweint. Diese unterirdischen Tränen seien schließlich als salzige Quelle an die Ober-

fläche gelangt und hätten das einstige Dorf zu einer Quelle des Reichtums gemacht. Die Rede ist von ...

Bad Harzburg

Herzog Julius, Fürst von Braunschweig-Wolfenbüttel (1528–1589), waren die wirtschaftlichen Belange seines Fürstentums eine Herzensangelegenheit, er galt als Visionär und war ein Landesherr mit großer Gestaltungskraft. Im Harz förderte er Bergbau und Hüttenwesen. Und als im Jahr 1569 die Kunde von der Salzquelle unter der Harzburg zu ihm gelangte, erkannte er deren Potential und unternahm einiges, um diese Quelle zu erschließen. Salz war wertvoll und begehrt, es wurde als »weißes Gold« bezeichnet.

Von 1575 bis 1849 brannten die Salzsiedefeuer. Dann rentierte sich die Saline

Die Trink- und Wandelhalle in Bad Harzburg.

nicht mehr und wurde geschlossen. Doch inzwischen hatte es sich herumgesprochen, dass Solequellen Heilkraft besitzen. Und als der braunschweigische Staatsmann Philipp August von Amsberg (1788–1871) in den Jahren 1837 bis 1841 die erste deutsche Staatsbahn von Braunschweig nach Harzburg bauen ließ, kamen Bewohner aus den Städten in den Harz, um sich zu erholen und um Krankheiten zu kurieren. Das Leben in den Städten war anstrengend geworden, die neuen Maschinen spuckten Ruß und Schwefel und setzten der Lunge zu. Die Solequelle war nun eine Heilquelle. Straßen wurden gebaut, prächtige Kutschen rollten darüber, aus Waldarbeitern wurden Pensionswirte und die neue Eisenbahn brachte viele Kurgäste in die neu entstandene Stadt unter der Harzburg, die sich fortan Bad Harzburg nannte.

Die Stadt ist gegenwärtig der größte heilklimatische Kurort im Harz: In 840 Metern Tiefe sprudelt noch immer die Salzquelle. Im Wasser sind Natrium, Magnesium, Calcium, Eisen, Fluorid u. a. enthalten. Es hilft gegen Rheuma, Skoliose, Atemwegserkrankungen, Altersbeschwerden und Zivilisationsschäden, aber auch bei der Behandlung des Bewegungsapparats nach Verletzungen.

Drei Rehakliniken gibt es in Bad Harzburg: die Herzog-Julius-Klinik für konservative Orthopädie und Rehabilitation, die Barbarossa-Klinik für Schlaganfallpatienten, Multiple Sklerose und andere neurologische Erkrankungen, außerdem das Haus Daheim für Mutter-Kind-Kuren. Des Weiteren hat sich die Asklepios Harzklinik Bad Harzburg auf Endoprothetik und gelenkerhaltende Chirurgie spezialisiert.

Die schwefelhaltige Soletherme ist für alle Besucher zugänglich. In der wunderschönen Trink- und Wandelhalle finden regelmäßig Kurkonzerte statt.

Alexisbad

Eine ähnliche Entwicklung aufgrund von salzhaltigen Quellen erfuhr der Ort Alexisbad im östlichen Teil des Harzes, wenn auch nur kurzzeitig. Hier war es Fürst Alexius Friedrich Christian von Anhalt-Bernburg (1767–1834), der zum Förderer des

Kurwesens wurde. Für die Entwässerung der Gruben des Silberbergbaus wurde ein Stollen in die Erde getrieben, aus dem zugleich Schwefelkies / Pyrit gefördert wurde. Das Wasser, das dieser Stollen ableitete, war reich an Eisen, Jod und Fluor. Fürst Alexius ließ es auf seine Heilkraft untersuchen und als dies Erfolg versprach, ließ er eine Badeanstalt, eine Spielbank und eine Brunnendirektion im Selketal errichten – aus diesen Gebäuden wurde der Kurort Alexisbad. Architektur und Ortsplanung wurden von keinem Geringeren als dem berühmten Berliner Architekten Karl Friedrich Schinkel entworfen. Bekanntester Kurgast in Alexisbad war der Komponist Carl Maria Weber, der Komponist der Oper *Der Freischütz*.

Doch schon im Jahr 1772 wurde der Badebetrieb in Alexisbad wieder aufgegeben, es fanden sich nicht mehr genug Gäste ein. Hotel und Kurpark existierten weiter und Feriengäste fanden Erholung in der wunderschönen Natur des Selketals.

Bad Suderode

In Bad Suderode befindet sich eine der stärksten Calcium-Solequelle Europas, der Behringer Brunnen. Fürst Alexius kaufte im Jahr 1827 die Quelle von Bad Suderode und ließ das Wasser mit Ochsenkarren in sein Alexisbad bringen. Auch nach Quedlinburg wurde das Heilwasser verkauft.

Das Wasser enthält neben Calcium auch Natrium, Magnesium, Kalium, Chlorid, Fluorid und Sulfat, hilft bei Herz-Kreislauf-Erkrankungen, bei Atemwegserkrankungen, Allergien und Mangelzuständen. Besonders stärkt es die Knochen und hilft darum vor allem Osteoporose-Erkrankten.

Heute ist Bad Suderode ein Calciumsole-Heilbad mit Kurhotel. Der Brunnen ist eingefasst in einen sechssäuligen Pavillon mit Kupferdach inmitten des Kurparks.

Bad Grund

Im Gesundheitszentrum Bad Grund in dem heilklimatischen Kurort wird eine Höhlentherapie im Eisensteinstollen für Patienten mit Atemwegserkrankungen angeboten. Im Inneren des Ibergs herrscht eine unvergleichliche Luftreinheit. Das Gewölbe des unterirdischen Stollens ist ein natürlicher Filter. Die Luft darin ist absolut staub- und pollenfrei, zudem befeuchtet das Tropfwasser in der Höhle die Luft, so dass eine hundertprozentige Luftfeuchtigkeit herrscht. Die Temperaturen im Stollen betragen ganzjährig konstant 7 bis 9° Celsius. Diese Luft wirkt lindernd bei Bronchialerkrankungen, Nasennebenhöhlenentzündungen, Hauterkrankungen wie Neurodermitis, sie verschafft Patienten eine Pause vom Stress, stärkt das Immunsystem, ist antiallergisch, entzündungshemmend, schleim- und krampflösend. Nachgewiesen ist, dass Patienten ihre Medikamentenmenge deutlich reduzieren können, dass sie besser schlafen, besser atmen können und allgemein eine Erleichterung empfinden.

Die Kur wird über drei Wochen angeboten, jeden Tag wird für zwei Stunden die Höhle besucht, eingemummelt in dicke Schlafsäcke nehmen die Gäste auf bequemen Liegestühlen Platz und können durchatmen.

Ein besonderes Ausflugsziel in Bad Grund ist zudem der WeltWald Harz, das Arboretum. Dort wachsen Bäume aus aller Welt mitten in der ursprünglichen Harznatur – der Spaziergang führt, rein pflanzlich gesehen, durch Nordamerika, durch Europa und das Mittelmeergebiet, durch Asien und Sibirien.

Bad Sachsa

Auch Bad Sachsa ist ein heilklimatischer Kurort mit diversen Anwendungsmöglichkeiten. Solebewegungsbad, Sauna, Sole-Licht-Therapie, Kneippanwendungen, Elektrotherapie, Physiotherapie oder Thalasso-Behandlung (Behandlung mit Meerwasser / salzigem Wasser) gehören zum Standard. Mit Himalayasalzkuren, Entspannungsmusik, neuem Lichtkonzept und dem Namen »SalzLounge Bad Sachsa« versucht man jüngere Besucher anzusprechen.

Friedrichsbrunn

Der Luftkurort Friedrichsbrunn ist seit Ende des 19. Jahrhunderts bei Erholungssuchenden äußerst beliebt. Es gibt einen kleinen Kurpark mit Badesee und Gradierpavillon. In dem Pavillon wird ein mit Reisigbündeln gefülltes Holzgestell mit Solewasser berieselt. Die Sole rieselt herab und die Luft wird mit Salz angereichert – dies wirkt heilsam bei Allergien und Atemwegserkrankungen. Im Winter ist

Friedrich der Große bestimmte im Jahr 1773, dass sich hier Familien ansiedeln sollten, wodurch der Ort Friedrichsbrunn entstand und seinen Namen erhielt.

die Langlaufarena Bodetal Anziehungspunkt für viele Gäste: Drei Loipen unterschiedlicher Länge – insgesamt handelt es sich um 20 Kilometer – richten sich sowohl an Anfänger als auch an fortgeschrittene Langläufer.

Bad Lauterberg

Bad Lauterberg ist staatlich anerkanntes Kneipp-Heilbad und Schroth-Kurort. Der Fuhrmann Johann Schroth erfand im 19. Jahrhundert die Schroth-Kur – eine Entgiftung des Körpers durch Trink- und Trockentage, feuchte Wickel und eine speziellen Kost. Ebenfalls im 19. Jahrhundert entwickelte der Pfarrer Kneipp die Kneipp-Kur, die aus Bewegung, Wasseranwendungen und Ernährungsempfehlungen besteht. Neben den Kurangeboten sind hier Fachkliniken für Herz-, Kreislauf und Gefäßerkrankungen, Sportmedizin, Stoffwechselerkrankungen, Orthopädie und Rheumatologie zu finden. Die Kirchberg-Therme bietet Badespaß in einer subtropischen Pflanzenwelt bei 36 ° Celsius. Das Erlebnisbad Vitamar kann mit dem harzgrößten Wellenbecken mit bis zu einen Meter hohen Brandungswellen, Wildwasserkanal, Whirlpools und Rutschen sowie einer Saunalandschaft über zwei Etagen aufwarten.

Blankenburg

Im 20. Jahrhundert erst wurde Blankenburg aufgrund von heilsamen Moorvorkommen zum Heilbad. Zwischen Heimburg und Michaelstein wurde Schwefelmineralschlamm gefunden, zudem fand sich heilsamer Badetorf im Helsunger Bruch zwischen Blankenburg und Quedlinburg. Die Moortherapie hilft gegen Rheuma und Arthrose, gegen Muskelverspannungen und Erkrankungen von Sehnen und Bindegewebe. Die Blankenburger Celenus Teufelsbad Klinik ist eine Fach- und Rehabilitationsklinik auf modernstem Stand.

Das Drahtseil von Oberbergrat Albert aus Clausthal-Zellerfeld

Erfinder und Entdecker in einer Region
voll Wald und Technik

Erfinder der Fahrkunst: Georg Ludwig Dörell

Georg Ludwig Dörell (1793–1854), Erfinder der Fahrkunst, war Bergmeister in Clausthal.

Er wurde im Jahr 1833 von Oberbergrat Albert und Berghauptmann Friedrich Otto Burchard von Reden (1769–1836) beauftragt, die Idee im Spiegelthaler Hoffnungs-Richtschacht bei Wildemann umzusetzen.

Die Bergleute jener Zeit kletterten über starke Leitern, Sprosse für Sprosse die Schächte hinunter und hinauf. Eine anstrengende Art der Fortbewegung, die bis zu zwei Stunden dauern konnte. Denn die Harzer Bergwerke waren damals mit 500 bis 600 Metern Tiefe die tiefsten der Welt. Das Ein- und Aussteigen war so anstrengend, dass manche Bergleute darum baten, im Berg übernachten zu dürfen, um sich die Strapaze zu ersparen.

Die Erfindung von Dörell war eine riesengroße Erleichterung und auch eine Zeitersparnis. Statt stundenlanger Kletterei dauerte das Ein- oder Ausfahren durch den Schacht wesentlich weniger Zeit. Und es konnten mehrere Bergleute gleichzeitig die Anlage nutzen. Diese erste Fahrkunst reichte bis zu einer Tiefe von nahezu 200 Metern.

Technisch gesehen kann man sich die Funktionsweise der Fahrkunst folgendermaßen vorstellen: Ein Wasserrad treibt ein Gestänge an, das die Drehbewegung in eine geradlinige hin- und herschwingende Bewegung umwandelt, diese wird von der Waagerechten in die Senkrechte übertragen – womit wir schon im Schacht sind. Zwei Gestänge mit Plattformen, die sich nebeneinander wie zwei Kolben auf und ab bewegen. Auf den nach oben und unten schwingenden Plattformen stehen die Bergleute und wechseln – rechte Stange, linke Stange, rechte Stange – von Plattform zu Plattform, je nachdem, ob sie nach unten oder nach oben befördert werden wollen.

Überall in Europa wurde fortan diese Fahrkunst in den Gruben eingesetzt. Sie war revolutionär, aber auch nicht ungefährlich, weil sie einigen Mut und erhöhte Aufmerksamkeit forderte, denn die Maschine wartete nicht auf den Schritt des Menschen im rechten Moment, sie bewegte sich einfach weiter. Wer einmal daneben trat, stürzte in die Tiefe. Die letzte noch für Wartungsarbeiten betriebene Fahrkunst der Welt befindet sich in der Grube Samson bei Sankt Andreasberg (siehe S. 64ff.).

Der Erfinder des Drahtseils – Wilhelm August Julius Albert

Der in Hannover geborene Wilhelm August Julius Albert (1787–1864) war Berghauptmann in Clausthal-Zellerfeld und als solcher ein aufmerksamer Beobachter mit hohem technischem Verständnis. Er glaubte an die Erfindung Dörells und sorgte dafür, dass dieser sie in die Tat umsetzen konnte. Albert beschäftigte sich mit dem Problem, dass in den Gruben Hanfseile und Förderketten nach längerem Betrieb plötzlich rissen und die Menschen in Gefahr brachten. Um die Ermüdung zu untersuchen, baute er extra eine Maschine, die Kette und Hanfseil besonderen Belastungen aussetzte, um die Kraftwirkung auf diese besser zu verstehen. Er verfolgte den Gedanken, statt Hanffasern harten Eisendraht zu einem viel stabileren, dicken Seil zu verflechten, so wie auch ein Hanfseil aus mehreren miteinander verdrehten Fasern besteht. Ein Seil hatte gegenüber einer Kette den Vorteil, dass nicht mehr ein einzelnes Kettenglied alles zum Einsturz bringen konnte, sondern mehrere Stränge einander Halt geben würden. Zusammen mit dem Bergschmied Heinrich August Mummenthey baute er auf dem Hof der Clausthaler Münze eine »Drahtseilerei« auf, eine Versuchsanordnung für das Zusammenfügen der Drahtstränge. Zunächst drehte er vier dünne

Drähte von jeweils 3,5 Millimeter Durchmesser zu einem dickeren Seil zusammen, einer sogenannten Litze. Aus drei dieser vierdrahtigen Litzen wand er mit Hilfe einer Hebelvorrichtung und mehrerer Assistenten ein noch dickeres Seil, dessen einzelne Bestandteile nicht so leicht reißen konnten wie das Glied einer Kette. In der Grube Caroline in Clausthal kam dieses erste Drahtseil im Jahr 1834 zur Anwendung – mit großem internationalem Erfolg, wie sich bis heute an diversen Stahlseilkonstruktionen zeigt. Ein großer Vorteil eines Stahlseils ist, dass bei Verschleiß zunächst nur ein Teil der verarbeiteten Drähte reißt, lange bevor das Seil selbst seine Funktion einbüßt, es kann also stets rechtzeitig reagiert werden. Mit einem magnetischen Verfahren werden auch innere Drahtbrüche entdeckt. Das erste Drahtseil war achtmal leichter als eine Kette und konnte eine viermal größere Last heben. Es war fortan eine stabile und langlebige Lösung für den Bergbaubetrieb. Julius Albert ging mit dieser Erfindung in die Geschichte ein.

Im Oberharzer Bergwerksmuseum wird ein Modell des ersten Drahtseils der Welt gezeigt und auch die Art und Weise, wie es hergestellt wurde.

Die Oberbergrat-Albert-Schule in Bad Harzburg und eine desselben Namens in Clausthal-Zellerfeld wurden nach dem Erfinder benannt. Ein kleines Mausoleum auf dem Alten Friedhof in Clausthal beherbergt das Grab von Julius Albert und am Landesamt für Bergbau, Geologie und Energie in Clausthal-Zellerfeld befindet sich eine Erinnerungstafel.

Julius Albert zog keinen Gewinn aus seiner Erfindung, er überließ sie kostenlos der ganzen Welt, er sorgte sogar noch selbst dafür, dass die neuen Seile nach England und in andere Länder geschafft wurden. Denn sie erhöhten die Sicherheit in den Gruben enorm, viele schwere Unfälle konnten damit künftig vermieden werden.

Ein anderer Mann, **Johann August Roebling** aus Mühlhausen (1806–1869), Auswanderer nach Amerika, entwickelte die Drahtseil-Erfindung Alberts in Amerika weiter, um sie für den Brückenbau zu verwenden. Dazu war ein anderer Aufbau des Drahtseils nötig, an dem Roebling lange tüftelte. Nachdem er mit dem Ergebnis zufrieden war, meldete er seine Version des

Drahtseils in Amerika zum Patent an und wurde der erfolgreiche Unternehmer und Industrielle, der die Brooklyn-Bridge in New York baute.

»Heißdampf-Schmidt«

Sein Leben war Steampunk im wahrsten Sinne: Wilhelm Schmidt (1858–1924), geboren in Halberstadt, später in Benneckenstein lebend, beschäftigte sich mit der Funktionsweise von Dampfmaschinen; wie James Watt, der hundert Jahre zuvor die Dampfmaschine von Thomas Newcomen entscheidend verbesserte, setzte auch er neue Maßstäbe in der Anwendung der neuen Technologie. Er war der erste Mensch der Welt, der sich getraute, mit Dampftemperaturen von 350° Celsius zu experimentieren. Seine Zeitgenossen wagten sich nur bis zu Temperaturen bis 250° Celsius. Die Folgen eines Fehlers wären fatal gewesen: Kesselzerknall, Dampfexplosion, der Alptraum der damaligen Ingenieure und Dampfmaschinennutzer. War es Waghalsigkeit oder großes Vertrauen in die Kunst des Rechenschiebers – Wilhelm Schmidt erhitzte einen Dampfkessel auf 350° Celsius, dabei musste er aufpassen, dass das Schmieröl bei den hohen Temperaturen nicht in Flammen aufgog. Er löste sowohl dieses Problem als auch das, mit Überdruck und Materialschwierigkeiten zurechtzukommen und schaffte es, den Wirkungsgrad einer Dampfmaschine noch einmal um ganze 50 % zu erhöhen.

Fortan war Wilhelm Schmidt unter dem Namen »Heißdampf-Schmidt« bekannt. Dank seiner Technologie wurde 1898 die erste Heißdampflokomotive gebaut. Und wie George Stephensons »The Rocket« dank Blasrohr und Röhrenkessel einst allen anderen Lokomotiven davongefahren war, so übertrumpfte auch die schmidtsche Heißdampflokomotive an Kraft und Schnelligkeit all ihre Vorgängermodelle – dank Schmidt'schem Überhitzer. Bei gleichem Kohleverbrauch gewann die Lokomotive doppelt so viel Kraft und den doppelten Aktionsradius. Die zugrunde liegende Technologie wird bis heute beim Bau von Dampfturbinen genutzt. Und Schmidt gilt als der letzte große Erfinder der Dampfmaschinenzeit.

In Wernigerode an der neuen Bahnstrecke nach Ilsenburg ließ er im Jahr 1908 eine Versuchsanstalt aufbauen, er gründete die Schmidtsche Heißdampfgesellschaft in Kassel. Diese Firma gibt es noch heute unter anderem Namen.

Weiterhin gehörte ihm ein Betrieb in Aschersleben. Dort war er mit einem Stapel von Bauplänen eines Tages aufgetaucht und hatte eine gewaltige Antriebsmaschine in Auftrag gegeben – das war die legendäre Heißdampfmaschine Nr. 671, 1 500 PS stark, diese trieb achtzig Jahre lang bis 1990 ununterbrochen im Dreischichtsystem eine Blockwalzstraße im Eisenhüttenwerk in Thale an. Als sie stillgelegt wurde, war sie noch voll funktionsfähig. Heute steht die Maschine im Hüttenmuseum Thale, wo sie liebevoll saniert, gepflegt und für Vorführungen wieder zum Leben erweckt wird. Eine Sonderausstellung im Museum und ein Denkmal in Benneckenstein erinnern an Wilhelm Schmidt, der im Laufe seines Lebens über tausend Patente angemeldet hatte.

Die restaurierte Schmidt'sche Heißdampfmaschine Nr. 671 (Hüttenmuseum Thale).

Robert Koch

Der berühmte Mediziner und Mikrobiologe Robert Koch (1843–1910) wurde in Clausthal-Zellerfeld geboren und ging dort zur Schule. Sein Großvater mütterlicherseits und sein Onkel zeigten dem jungen Robert, wie Mikroskop und auch Fotoapparat funktionierten. Nach seinem Studium in Göttingen arbeitete Robert Koch als Arzt in Hamburg und Hannover. Ihm gelang es, den Erreger der Tuberkulose auszumachen. Mit seiner Erforschung des Milzbranderregers gelang es Robert Koch als erstem Mediziner, die Rolle eines Krankheitserregers beim Entstehen der Krankheit zu ermitteln und zu beschreiben. Seine Beiträge zur Infektionslehre sind grundlegend, zudem war er ein Pionier beim Aufbau der Tropenmedizin in Deutschland. Koch muss ein sehr mutiger Mann gewesen sein, denn auch er war nicht immun gegen die Krankheiten, die er erforschte, erkrankte z. B. auch an der Malaria. Das Gymnasium in Clausthal-Zellerfeld trägt heute seinen Namen.

August Kramer – Lehrer und Erfinder

Dr. August Ephraim Kramer (1817–1885) war ein Erfinder, der in Nordhausen geboren wurde und dort auch lebte und als Gymnasiallehrer für Mathematik und Naturwissenschaften arbeitete. Ein besonderer Lehrer, der in seiner Freizeit physikalische Experimente unternahm. Besonders hatte es ihm der von Charles Wheatstone erfundene Zeigertelegraf angetan, den er gründlich erforschte und im Jahr 1846 zum elektromagnetischen Zeigertelegrafen weiterentwickelte. Werner von Siemens wurde darauf aufmerksam und begründete mit diesem Telegrafen die Erfolgsgeschichte seines Unternehmens (aus der Firma Telegraphen Bau-Anstalt von Siemens & Halske in Berlin ging die heutige Siemens AG hervor). Mit Kramers Telegrafen war es möglich, Nachrichten nicht nur durch Morsezeichen zuverlässig zu übermitteln, sondern als Klartext und somit auch für Laien verständlich. Die Eisenbahngesellschaften wollten dieses neue Kommunikationsmittel nutzen und beauftragten Kramer mit dessen Installation. Eine Ingenieurschule in Nordhausen trägt heute seinen Namen, August-Kramer-Institut, dort gibt es auch eine Dauerausstellung über den Erfinder.

Werner von Siemens, Erfinder und internationaler Unternehmer

Werner von Siemens (1816–1892) entstammte dem alten Goslarer Stadtgeschlecht Siemens. Das Siemenshaus in Goslar ist bis heute Stammsitz der weitverzweigten Familie. Werner von Siemens ist nicht im Harz aufgewachsen, doch hatte er eine Ferienwohnung in Bad Harzburg, wo er von 1889 bis 1892 seine Memoiren schrieb. Werner von Siemens war zeitlebens ein Tüftler und Erfinder. Er erfand ein Galvanisierungsverfahren, das auf Gleichstrom aus Batterien basierte und es ihm ermöglichte, einen silbernen Löffel mit einem Überzug aus Gold zu versehen. Dies war sein erstes Patent, das er an einen Juwelier verkaufte. Auch er tüftelte am Zeigertelegrafen, er war August Kramer begegnet, seine Familie stellte ihm das Kapital für die Gründung der Telegraphen Bau-Anstalt von Siemens & Halske zur Verfügung. Der Grundstein für die heutige Siemens AG war damit gelegt. Die Verbindung mit Johann Georg Halske war ein Glücksfall. Halske war der Praktiker, Siemens der Tüftler. Werner von Siemens erfand ein Verfahren zur Isolierung von Drähten, das noch heute Anwendung findet. Er entwickelte den ersten elektrischen Generator auf der Grundlage des dynamoelektrischen Prinzips und war ein Pionier des Elektromotorenbaus. Die darauffolgende Nutzung der elektrischen Energie beendete die Zeit der Dampfmaschinen. Halske zog sich auf-

Werner von Siemens.

grund von Meinungsverschiedenheiten aus der Firma zurück. Werners Brüder wurden die neuen Teilhaber der Firma Siemens. Die erste transatlantische Telegrafenleitung, die erste elektrische Lokomotive, die erste elektrische Straßenbeleuchtung, der erste elektrische Aufzug, die erste elektrische Straßenbahn, der erste Oberleitungsbus der Welt – dies alles wurde von der Firma Siemens entwickelt und umgesetzt.

Ebenso kümmerte sich Werner von Siemens stark um die Motivation der Firmenmitarbeiter, beteiligte sie über Tantiemen und Prämien am Erfolg des Unternehmens. Er gründete eine Pensions-, Witwen- und Waisenkasse und senkte die Wochenarbeitszeit von den damals üblichen 72 auf 54 Stunden. In Anerkennung seiner Verdienste wurde Werner Siemens von Kaiser Friedrich III. im Jahr 1888 in den Adelsstand erhoben. Es gibt unzählige Denkmäler von ihm. Im Familienstammsitz – dem Siemenshaus in Goslar – werden die Memorialien der Familie aufbewahrt. In Bad Harzburg ist ein Gymnasium nach ihm benannt.

Dr. Dorothea Christiane Erxleben – Wegbereiterin für Frauenbildung

Dr. Dorothea Christiane Erxleben (1715–1762) war die erste Frau in Deutschland, die einen medizinischen Doktortitel erwarb und neben der Betreuung von fünf Stiefkindern und vier eigenen Kindern als anerkannte Ärztin praktizierte. Dorothea Erxleben verdankte ihr Wissen ihrer Begabung und der sorgfältigen Ausbildung durch ihren Vater, der sie ihrem Bruder gleichberechtigt unterrichtete und unterrichten ließ. Das war untypisch für die damalige Zeit und lange blieb ihr als Frau der Zugang zur Universität verwehrt. Doch sie überzeugte durch ihr Wissen und promovierte, nachdem sie von Arztkollegen der Kurpfuscherei bezichtigt worden war. Sie wurde damit auch zur Wegbereiterin für die Gleichberechtigung von Frauen auf dem Gebiet der Ausbildung und deren gesellschaftlicher Akzeptanz im Berufsleben.

Johann Christoph Friedrich GutsMuths, Erfinder des Turnunterrichts

Johann Christoph Friedrich GutsMuths (1759–1835) wurde in Quedlinburg im Haus Pölle 39 geboren. Er ist der Erfinder des Turn-, Werk- und Schulgartenunterrichts. Die besonderen körperlichen und individuellen Voraussetzungen der Schüler berücksichtigte er und schuf ein kindgerechtes abgestuftes System mit dem Ziel, die Leistungen seiner Schüler zu steigern. Sein Hauptwerk ist Gymnastik für die Jugend, das bald zum Klassiker und in viele Sprachen übersetzt wurde. GutsMuths hatte großen Einfluss auf Friedrich Ludwig Jahn und andere Erzieher dieser Zeit. In Quedlinburg steht ein GutsMuths-Denkmal in der Nähe seines Geburtshauses. Es zeigt den Lehrer mit einem Jungen, seinem bekanntesten Schüler. Dieser Schüler war:

Carl Ritter

Der in Quedlinburg geborene Geograph Carl Ritter (1779–1858) gilt neben Alexander von Humboldt als Mitbegründer der wissenschaftlichen Geographie und war der erste Professor dieses Fachs in Deutschland. Besonders beschäftigte sich Carl Ritter als Geograph mit Afrika. Das Rittergebirge in China wurde nach ihm benannt, ebenso eine Straße in Quedlinburg.

Entdecker des Kokains: Albert Niemann

Albert Friedrich Emil Niemann (1834–1861), in Goslar geboren, war Apotheker und Chemiker und entdeckte das Kokain. An der Universität Göttingen untersuchte er die fremde Pflanze, die bei einer Weltumseglung gepflückt und nach Göttingen gebracht worden war. Er isolierte Kokain in kristalliner Form aus den Kokablättern und gab ihm seinen Namen. Leider untersuchte er zu jener Zeit auch einen anderen Stoff: das Senfgas. Er war der erste Mensch, der diese hochgiftige Substanz erforschte und wurde deren erstes Opfer. Albert Niemann

195

kehrte schwerkrank zu seinen Eltern nach Goslar zurück, wo er mit nur 26 Jahren starb. Eine Gedenktafel an seinem Geburts- und Sterbehaus, dem Schwicheldt-Haus in Goslar, erinnert an ihn.

Weltberühmter Klavierbauer: H. E. Steinweg

Heinrich Engelhard Steinweg (1797–1871) wurde in Wolfshagen geboren, wanderte 1850 nach New York aus, wo er als Henry E. Steinway eines der bekanntesten Klavierbau-Unternehmen gründete. Steinweg war der Sohn eines Köhlermeisters, der früh seine Eltern verloren hatte und mit 14 Jahren nach Seesen zu einem Tischler in die Lehre ging. Handwerkskunst und Musikalität müssen dem Köhlerjungen in die Wiege gelegt worden sein, denn ohne musikalische Ausbildung spielte er dennoch Gitarre und Klavier und begann, selbst Gitarren, Zithern und Mandolinen zu bauen.

Sein erstes Klavier konstruierte er heimlich in einer zur Werkstatt umgebauten Waschküche in Seesen. Es war sein Hochzeitsgeschenk für seine Braut Juliane. Laut damaligem Zunftgesetz hätte er das nicht gedurft, doch schon war das nächste Klavier in Arbeit und schließlich der erste Flügel – mit allseits überzeugender Qualität, so dass Steinweg nun offiziell als Klavierbauer arbeiten durfte. Er gründete in Braunschweig ein Klavierbauunternehmen, das er dann seinem Sohn Theodor überließ,

Ein Flügel von Steinway & Sons (Modell D-274).

als er mit 53 Jahren nach New York auswanderte. Zusammen mit den jüngeren vier Söhnen gründete er dort die Firma Steinway & Sons. Dieses Unternehmen wurde weltberühmt und erhielt auf der New Yorker Industrieausstellung den ersten Preis für die kreuzsaitigen Pianofortes, eine Erfindung von Henry Steinway Junior. Die Familie war so erfolgreich, dass sie im Jahr 1866 einen eigenen großen Konzertsaal in New York errichtete: die Steinway Hall.

In Braunschweig verkaufte Theodor Steinweg die erste Firma seines Vaters an Wilhelm Grotrian, um selber ebenfalls nach Amerika überzusiedeln. Die neue Firma Grotrian-Steinweg existiert noch heute. In Seesen informiert eine Dauerausstellung über die Familie Steinweg, hier steht auch das erste in den USA gebaute Steinway-Tafelklavier. In Wolfshagen finden regelmäßig die Wolfshäger Steinweg-Tage statt, veranstaltet vom Wolfshäger Steinway e. V. sowie alle zwei Jahre das traditionelle Geburtstagskonzert zu Ehren Heinrich Steinwegs.

Arthur Ulrichs – der erste Harzer auf Skiern

Arthur Ulrichs (1838–1927) war Oberförster in Braunlage. Er war der erste Skifahrer im Harz und eigentlich auch in Deutschland. Ihm war im Jahr 1883 das Laufen mit den klobigen Schneeschuhen zu beschwerlich geworden, er musste Sturm-

Oberförster Ulrichs Grabstein auf dem Friedhof von Braunlage.

schäden begutachten und kam zu langsam voran. Von einem Stellmacher in Braunlage ließ er sich darum Skier nach norwegischem Vorbild bauen. Das Ski-Fahren war nicht nur nützlich, sondern brachte auch Freude und wurde schon im Jahr 1890 zum Unterrichtsfach in Braunlager Schulen. Ulrichs gehörte 1892 zu den 16 Gründern des Skiclubs Braunlage – des ältesten heute noch existierenden Clubs für diesen Sport.

Friedrich Heine, Erfinder der Dosenwurst

Friedrich Heine (1863–1929) ging auf Wanderschaft und bei Bäckern und Fleischern in die Lehre, danach ließ er sich in Halberstadt nieder und gründete im Jahr 1883 eine eigene kleine Würstchenfabrik mit Räucherei. Und dann erfand er die Dosenwurst. Sein Unternehmen war weltweit das erste, das Würstchen in Dosen konservierte und verkaufte. Diese Sache wurde ein großer Erfolg und Halberstädter Würstchen eine allseits bekannte und beliebte Marke. Das Unternehmen von Friedrich Heine heißt heute Halberstädter Würstchen- und Konservenvertriebs GmbH und produziert heutzutage 1 200 Tonnen Würstchen im Jahr.

Gründungsanzeige von Friedrich Heines Wurstfabrik.

P. P.   Halberstadt, 25. November 1883

Einem geehrten hiesigen und auswärtigem Publikum erlaube ich mir ganz ergebenst anzuzeigen, daß ich am heutigen Tage

☞ **Gröperstraße Nr. 51** ☜

eine Jauersche - u. Saucischenwurst-Fabrik

errichtet habe.

In Folge meiner jahrelangen Thätigkeit bei dem Herrn Wurstfabrikant Sackwitz hier bin ich im Stande

ein wirklich vorzügliches Fabrikat

anzufertigen, und bitte ich vor Allem meine bisherigen Gönner mir auch bei meinem Unternehmen in Zukunft gleiches Entgegenkommen gütigst zu bewahren. Den Herren Händlern und Wiederverkäufern gebe ich hohen Rabatt.

Mit der Versicherung streng reeller und prompter Bedienung empfehle ich mich   mit vorzüglicher Hochachtung

Friedrich Heine, Gröperstraße 51.

Das fliegende Königreich – berauschende Weite und Mummenschanz

Das Bergtheater Thale und andere Kulturorte

Das Bergtheater in Thale

Ich habe das Freiluft-Bergtheater in Thale für mich ein »fliegendes Königreich« getauft, denn darin bietet sich den bis zu 1 350 Zuschauern eine atemberaubende Perspektive, sie schauen steil nach unten in die Arena des Theaterspiels, dem Königreich aus Sperrholz und Pappmaché, und weiter fliegt der Blick über eine Felsenkante weit hinab in die Vorharzlandschaft und reicht himmelweit bis zum Horizont.

Das Bergtheater bietet Werke von Shakespeare, Schiller, Goethe, Sachs, Kleist und Klopstock, Märchen für Kinder, Konzerte, moderne Musicals, mit *Das Bergtheater Thale.*

Künstlern aus aller Welt. Bespielt wird die Bühne von diversen Theatern, u. a. vom Nordharzer Städtebundtheater, vom Freien Theater Harz und vom Thalenser Jugendtheater Fairytale.

Die Waldbühne Altenbrak

Die Waldbühne Altenbrak wurde im Jahr 1951 als Schwesterbühne des Bergtheaters Thale am Ortsrand von Altenbrak gebaut. Sie ist etwas kleiner – für ca. 950 Zuschauer, die im Halbrund um die waldumstandene Naturbühne Platz nehmen. Auch hier werden im Sommer Stücke von verschiedenen Theatern aufgeführt. Und jeden ersten Septembersonntag findet hier der Harzer Jodlerwettstreit statt.

Das Nordharzer Städtebundtheater

Das Nordharzer Städtebundtheater ist ein Ensemble, das Oper, Operette, Schauspiel, Ballett, Musical und Weiteres bietet – es ist eine Fusion der einst selbstständigen Bühnen Volkstheater Halberstadt und des Quedlinburger Theater am Marschlinger Hof. Im Sommer bespielt das Theater traditionell das Harzer Bergtheater Thale, die Waldbühne Altenbrak und andere Spielorte wie z. B. das Wasserschloss Westerburg. Die Bühne arbeitet zudem deutschlandweit mit fünfzig Gastspielhäusern zusammen. Zusammen mit der Domkantorei Halberstadt ist das Theater ein wichtiger Bestandteil der jährlichen Domfestspiele. Das Orchester des Nordharzer Städtebundtheaters bietet regelmäßig eine Orchesterwerkstatt für Kinder und Jugendliche an, ebenso werden Schülertheatertreffen und andere Angebote wie Theaterjugendclub, Matineen, Konzerte und Kooperationen vom Nordharzer Städtebundtheater initiiert.

Theater Nordhausen

Nordhausen besitzt ein eindrucksvolles Theatergebäude mit eigenem Ensemble. Das Haus wurde 1913 bis 1917 gebaut, im

Zweiten Weltkrieg zerstört und 1949 wieder- *Das Theater Nordhausen.*
aufgebaut. Zu DDR-Zeiten arbeiteten 250
Menschen im Haus, in dem mehrere Sparten der darstellenden Kunst dargeboten wurden: Ballett, Schauspiel und Musiktheater. 1991 kam es zum Zusammenschluss des Nordhäuser Theaters mit dem Loh-Orchester Sondershausen. Weitere Kooperationen – z. B. mit dem Theater Rudolstadt – kamen zustande, weil aus Kostengründen Sparten gekürzt und aufgeteilt werden mussten. Trotzdem wird dem Publikum im Theatergebäude das ganze Spektrum geboten, neben Oper, Operette, Musical, Schauspiel auch Kindertheater, Konzerte und Gastspiele, ein Theaterjugendklub, Theater in der Schule und ein Kinderzirkus.

Schlosstheater Ballenstedt

Das Schlosstheater Ballenstedt ist ein hübscher frühklassizistischer Theaterbau aus dem Jahr 1788 und damit eines der ältesten erhaltenen Theatergebäude Deutschlands. Einst diente es der Schlossgesellschaft als Hoftheater. Berühmte Persönlichkeiten gaben dort Gastspiele: Albert Lortzing dirigierte seine Märchenoper *Undine*, Franz Liszt führte 1852 Zukunftsmusik beim anhalt-bernburgischen Musikfest auf. Bis heute

Das Schlosstheater Ballenstedt. ist das schöne Theater mit seinen Logen und Rängen Ort für vielfältige Gastspiele von Theater, Kabarett, Lesungen, Konzerten oder Varieté.

Odeon-Theater Goslar

Ebenfalls ein schöner Bau ist das Odeon-Theater in Goslar, ein Jugendstilgebäude aus dem Jahr 1899. Ein Haus ohne eigenes Ensemble, in dem bis vor wenigen Jahren noch Gastspiele aufgeführt wurden. Doch das Haus wurde im Lauf der Zeit zu einem Sanierungsfall, es musste im Jahr 2012 geschlossen werden. Es gründete sich der Verein Freunde des Odeon Theaters, der versuchte, die Schließung zu verhindern und das Theater zu retten. Der Verein organisiert nun an anderen Spielorten Theateraufführungen, stets in der Hoffnung, eines Tages wieder einen festen Spielort wie das Odeon nutzen zu können.

Schnaps und Theater

Meine Familie fuhr einmal mit dem »Quirl« von Ilfeld nach Nordhausen. So nannten die Leute die Harzquerbahn, eine Schmalspurbahn mit kleinen Waggons, gezogen von einer Dampflokomotive. Mit lautem Pfeifen und in eine riesige grauschwarze Dampfwolke gehüllt fuhr der Zug in den Bahnhof ein. Der Kessel glühte, der Schaffner hob die Kelle und der Zug fuhr langsam los und steigerte sich in ein unglaubliches Tempo. Wir standen auf der Außenplattform des letzten Waggons, rochen den Ruß und lauschten dem Schnaufen der Lok, wie sie sich in Bewegung setzte und schneller und schneller wurde. Der Ort zog an unseren Blicken vorbei, der Wind griff in unsere Haare, Rußpartikel stoben himmelwärts und ich jubelte.

Viel zu schnell war die Domstadt Nordhausen erreicht. Hier mussten wir aussteigen, hier war Endstation. Die Lok pfiff aus verschiedenen Ventilen vor sich hin. Ein Mann kam auf uns zu, einen Bauchladen tragend. Darauf standen Gläser und eine Flasche mit einer wasserklaren Flüssigkeit. »Darf es ein Gläschen Echter Nordhäuser Doppelkorn sein?«, fragte mich der Verkäufer. »Sie sind wohl verrückt?«, sagte meine Mutter und zog mich am Ärmel von ihm weg. Doch mein Vater genehmigte sich ein, zwei Gläser und war hernach so gut gelaunt, dass er beim Treppensteigen Lieder sang. In Nordhausen waren viele Treppen zu steigen, hoch und runter. Das heißt, mein Vater hatte viele Lieder zu singen. Es gab in der Stadt ein Straßenbahnnetz, einen riesigen Maschinenbaubetrieb, der Dieselmotoren herstellte, die Kornbrennerei, den Dom und dann das Rathaus mit seiner bunten Rolandfigur.

Vor dem Rathaus wurde gerade ein großes Fest gefeiert. Das Rolandsfest – viele Menschen waren dort zusammengekommen. Der Bauchladenverkäufer mit dem Schnaps tauchte wie aus dem Nichts wieder auf und Papa gönnte sich ein weiteres Gläschen Nordhäuser Doppelkorn. Meiner Mutter wurde das Gedränge jedoch zu groß und wir suchten uns ein stilles Plätzchen, das wir vor einem prächtigen Theaterhaus fanden. Hohe Säulen zierten das Portal und auch dort waren wieder Treppenstufen, die hinaufführten. Ich setzte mich auf die Treppen zum Theater und sagte: genug gewandert und getreppt! Mein Vater grinste mich an, der Doppelkorn loderte in seinen Augen. Ein riesengroßes kupferfarbenes Huhn erschien auf dem Theaterplatz und tanzte mit meinem Vater einen Walzer. Mama hatte auf dem Fest Limonade und Buletten gekauft, so picknickten wir auf den Stufen des Theaters und sahen Papa und dem Huhn beim Tanzen zu. Sie tanzten, bis das Huhn auf normale Hühnergröße schrumpfte und ein paar prächtige Roggenkörner vom Asphalt pickte. Dann stolzierte es zum Hintereingang des Theaters, wo es vom Pförtner eingelassen wurde.

Im Theater wurde das Märchen »Sechse kommen durch die ganze Welt« gespielt. Der Vorhang ging auf. Es spielten: ein Bettler, der sich als wiederauferstandener Kaiser Barbarossa ausgab, ein Muskelprotz, der mit einem einzigen Schlag seiner Faust ein 17 Meter tiefes Loch in die Erde geschlagen hatte, woraus vor den Toren Nordhausens ein kreisrunder See entstand, das Große Seeloch genannt, des Weiteren kam ein Schnell-Läufer vor, der in zwei Minuten bis Sangerhausen und zurück flitzen konnte, ein Schütze, der eine Obstfliege an der Wand des Kyffhäusers treffen konnte, ein Kornbrenner, der jegliches und jeden zum Tanzen bringen konnte und sein kupferfarbenes Huhn. Diese Sechs konnten es mit allen aufnehmen, sie waren unbesiegbar, bekamen die Prinzessin und ein halbes Königreich. Vielleicht war es so oder auch anders, ich kann mich nicht mehr genau daran erinnern. Aber es war sehr lustig, und die Schauspieler hatten erstaunliche Kostüme an. Vielleicht stammten sie von jener verschwundenen Nordhäuser Modefirma, deren Brautmoden einst auf internationalen Messen Preise errang.

Am Abend holte uns ein Freund des Freundes meines Vaters mit dem Auto am Theater ab und fuhr mit uns nach Sangerhausen zurück. Es war meine allererste Autofahrt. Es war wie Schweben. Oma wartete schon mit dem Abendbrot auf uns, und Opa saß in der Küche, müde von der Schicht im Schacht. Als er mich sah, blies er einen Rauchkringel in die Luft. Der Kringel schwebte langsam durch die Küche und verschwand durch die Decke.

Schwindelerregend – die höchste Staumauer Deutschlands ...

... das versunkene Schulenberg
und weitere Talsperren

Talsperren im Harz

Harz bedeutete einst Bergbau, Bergbau bedeutete Wasserwirtschaft. Denn es galt Stollen zu entwässern und andererseits wiederum das Wasser zum Betreiben der großen Förderräder und Pumpen zu nutzen. Das heißt, die Menschen machten sich das Wasser dienstbar und sie sammelten es zudem, um ihre Trinkwasserleitungen daraus zu speisen, Elektroenergie zu erzeugen, dem jährlichen Hochwasser zu entgehen. Wie ein Mensch das Feuer still und brav auf einem Kerzendocht sitzen lassen kann, so kann er auch die Wege des Wassers regulieren.

Im Harz geschieht dies über Talsperren, Gräben, künstlich angelegte Bergbauteiche. Das ganze bergbaubedingte Wassersystem ist mit Stilllegung der Minen zu einem technischen Denkmal und zur Naturattraktion geworden. Die Talsperren dagegen erfüllen nach wie vor vielfältige Aufgaben.

Das Rappbodetalsperren-System mit der höchsten Staumauer

Die größte Harzer Talsperre ist die Rappbodetalsperre samt Pumpspeicherwerk. Sie hat die höchste Staumauer in Deutschland, und wer mit dem Auto von Rübeland nach Wendefurth fährt, überquert diese 415 Meter lange und 106 (!) Meter hohe Staumauer, verschwindet kurz in einem Tunnel, um dahinter nach einem Parkplatz zu suchen, um sich die ganze Sache doch einmal genauer anzusehen.

Ein gewaltiger Stausee liegt hinter der Staumauer, friedlich und als Trinkwasserschutzgebiet von menschlicher Nutzung unbehelligt. Hier wird das Trinkwasser für die Regionen um Halle und Magdeburg gewonnen.

> In der Nähe der Rappbodetalsperre haben wir früher Wald-
> meister gesammelt, um daraus Saft herzustellen.
>
> Antje Arnold, Leipzig

Die Rappbodetalsperre selbst ist nur der Teil eines riesigen Talsperrenverbundsystems, das aus insgesamt sechs Talsperren besteht. Zu der allein schon großen Rappbodetalsperre gehören auch die beiden Vorsperren von Hassel und Rappbode (sie dienen zur Vorreinigung des Trinkwassers), das Hochwasserschutzbecken Kalte Bode, die Überleitungssperre in Königshütte und die Talsperre Wendefurth. Letztere dient dem Pumpspeicherkraftwerk Wendefurth als Unterbecken, das Wasser dient nicht der Trinkwasserversorgung, darum dürfen Besucher hier Boot fahren und im Restaurant die vor Ort gezüchteten Forellen verspeisen.

Von 1936 bis 1959 dauerten die Arbeiten am gesamten Talsperrensystem.

Und weil alles, was beeindruckt, auch gewinnträchtig ist, tobt sich hier die Firma Harzdrenalin mit »Megazipline« und »Wallrunning« aus. Das alles hat viel mit Seilen und Karabinern, mit langen Warteschlangen und vollen Parkplätzen zu tun, ist aber beliebt, und sicher ist ein Vogelflug von der hohen Staumauer bis hinunter zum Ufer des Wendefurther Stausees einfach nur berauschend.

Die Okertalsperre und das versunkene Schulenberg

Eine weitere große Talsperre im Harz ist die Okertalsperre. Wer mit dem Auto von Bad Harzburg über Goslar-Oker nach Altenau fährt, erreicht die Talsperre nach einer eindrücklichen Fahrt durch das Okertal mit seinen steil aufragenden Felsen, dem rauschenden Fluss, in dem manchmal Wildwasserkanu-

ten durch die Stromschnellen flussabwärts
jagen. In der Höhe angekommen, sieht man
schon die Staumauer der Okertalsperre und

*»Megazipline« über den
Stausee.*

den kleinen Imbiss an ihrem Rand. Skater fahren gerne auf
den asphaltierten Wegen, die waldseitig an der Talsperre ent-
langführen.

Die Okertalsperre.

Der Ort Schulenberg versank einst samt Kirchturm gleich Atlantis in den Fluten dieser 1965 fertig gestellten Talsperre. Was ein bisschen absurd klingt, denn die Okertalsperre dient dem Hochwasserschutz. Und auch der Energieerzeugung. Schulenberg jedoch wurde wiederaufgebaut, unweit des Stausees, etwas versteckt auf einer Bergeshöhe. Der Okerstausee darf von Badegästen, Anglern, Tauchern, Surfern und für den Bootsverkehr genutzt werden, sogar einen Zeltplatz gibt es hier.

> An der Granetalsperre habe ich oft so wunderbar entspannt, solange ich in Goslar gearbeitet habe.
>
> Christian Schönfelder, Stuttgart

Auch Granetalsperre, Oderteich, Oderstausee, Sösestausee, Innerstetalsperre, Eckertalsperre, Wipperstausee bieten neben Wassergewinnung und -regulierung vielfältige Erholungsmöglichkeiten.

*Innerstetalsperre mit Über-
laufturm, der aussieht wie
ein Stöpsel.*

Die Eckertalsperre.

Als das Flüsschen Ecker unüberwindlich war

Von der Teilung des Harzes in Ost und West und seiner Wiedervereinigung

> Wir waren mit meinem Lieblingsonkel, der längst verstorben ist, auf dem Wurmberg. Es lag meterhoch Schnee, und wir sind auf die Schanze geklettert. Wenn man von der hätte springen können, wäre man damals in der DDR gelandet. Das hat mich als Knirps beeindruckt.
>
> Christian Schönfelder, in Wolfenbüttel aufgewachsen

Wie ein langes Band erstreckte sich die Landstraße von Sangerhausen durch die Landschaft der Goldenen Aue bis nach Nordhausen und weiter bis nach Ellrich, wo sie an einem Grenzzaun endete. Da ging es nicht weiter, da fuhren wir nie hin. Es gab ja überall sonst noch jede Menge zu entdecken. Für mich als Kind war es einfach so, wie es war.

Das Besondere an Ellrich war neben dem Grenzzaun und allem damit verbundenen Kummer die Eisenbahnstrecke, die von Osten nach Westen führte und von Westen nach Osten. Es war einer der wenigen Eisenbahn-Grenzübergänge zu dieser Zeit – dies galt jedoch nur für den Güterverkehr. Erst im Wendejahr – am 11. November 1989 um 9:05 Uhr – fuhr nach vierzig Jahren der erste Personenzug aus Nordhausen über Ellrich kommend wieder in Walkenried ein. Vierhundert Fahrgäste aus der DDR waren an Bord und wurden mit Pauken und Trompeten im niedersächsischen Walkenried empfangen.

Zweiter Weltkrieg und Teilung Deutschlands

Der Teilung Deutschlands voran ging das mittlere 20. Jahrhundert mit all seinen Schrecken. Im Harz hat es tiefe Spuren

hinterlassen. Nazis marschierten durch Goslar und Blankenburg, im KZ Mittelbau-Dora und in Langenstein wurden Tausende Häftlinge zu Tode gequält, Menschen wurden verfolgt,
gejagt, ermordet.

In ihrem einstigen Urlaubsdomizil in Friedrichsbrunn bang-
ten Karl und Paula Bonhoeffer um ihre Kinder – um ihre Tochter Christel und ihren Schwiegersohn Justus von Delbrück, die
von der Gestapo inhaftiert worden waren. Und sie trauerten
um zwei Söhne und zwei Schwiegersöhne, die vom faschisti-
schen Regime eingesperrt, gefoltert und ermordet wurden.
Dabei handelte es sich um Dietrich Bonhoeffer (1906–1945),
Klaus Bonhoeffer (1901–1945), Hans von Dohnanyi (1902–1945)
und Rüdiger Schleicher (1895–1945) – diese vier waren aktiv
im Widerstand gegen Hitler tätig. Sie fanden im April 1945, im
letzten Kriegsmonat, den Tod.

> Was uns aufrecht hielt, war die geschlossene Front der Familie
> gegen die Nazis. Aber wir haben es schwer büßen müssen.
>
> Karl Friedrich Bonhoeffer (1899–1957),
> ältester Sohn Karl und Paula Bonhoeffers

Das einstige Ferienhaus der Familie in Friedrichsbrunn ist heute
u. a. eine Gedenkstätte für die Familie Bonhoeffer mit einer
Ausstellung zum Leben und Wirken der Familienmitglieder.

Die KZ-Gedenkstätte Mittelbau-Dora am Südhang des
Kohnsteins in der Nähe von Nordhausen erinnert an das ehe-
malige Außenlager des Konzentrationslagers Buchenwald.
Unterirdisch wurden hier Waffen produziert, Zehntausende
Häftlinge kamen ums Leben.

Auch in Langenstein bei Halberstadt wird der Opfer des
ehemaligen Konzentrationslagers Langenstein-Zwieberge gedacht.

Der Zweite Weltkrieg hatte für den Harz tiefgreifende
Folgen. Er wurde von den Besatzungsmächten mittendurch
in zwei Hälften geteilt. Die westlichen Besatzungsmächte
auf der einen Seite, die östliche Macht auf der anderen. BRD
und DDR entstanden, Deutschland war geteilt und der Harz
ebenso. Von 1949 bis 1990 verlief die Grenze – mit Mauern,

Stacheldraht, Hundelaufanlagen, Minenfeldern, Selbstschuss-
anlagen, Wachtürmen, Autosperren, kahlgeschorenen »To-
desstreifen«, von bewaffneten Soldaten bewachten Mili-
tärwegen – von Walkenried / Ellrich über Braunlage / Sorge,
Wurmberg / Schierke, Eckertal / Stapelburg quer durch den
ganzen Harz, am Brocken vorbei, der militärisches Sperrgebiet der DDR war. Die Brockenbahn fuhr nicht mehr, Familien
wurden auseinandergerissen, unüberwindlich war das Flüsschen Ecker, die Eckertalsperre trug einen Sperrzaun mitten
auf dem Staudamm, Ost- und Westharz wurden einander
fremd.

> Meine Oma konnte den nachts vom ›Russen‹ hell erleuchte-
> ten Brocken von ihrem Bündheimer Schlafzimmerfenster
> aus sehen. Wenn ich bei ihr zu Besuch war, hat sie mir das
> immer gezeigt. Sie ist in Bündheim aufgewachsen, kannte
> den Harz noch lange vor der Teilung. Wenn sie ihre Verwand-
> ten in Halberstadt besuchte, war das wegen der Umwege im-
> mer eine Weltreise.

Christiane Schlüter, Augsburg

*Sperranlagen auf dem
Brocken.*

Doch war die Zeit des Wiederaufbaus auf beiden Seiten der Grenze auch eine hoffnungsvolle Zeit des Friedens. So bedroht dieser auch stets war, in den Köpfen der Menschen in Ost und West, bei Soldaten und Zivilisten, spielte er eine wichtige, vielleicht vielerseits unterschätzte Rolle. Doch letztendlich wurde genau dies zu einem entscheidenden Faktor beim nächsten großen gesellschaftlichen Umbruch, vierzig Jahre später.

> Es war damals normal, mit einem Zaun quer durch den Harz aufzuwachsen. Grenze angucken verursachte irgendwie ein ›angenehmes‹ Gruseln, war ab und zu einfach Ausflugsprogramm, mal sehen, ob man jemanden sehen kann. Meistens sah man niemanden, nur ab und zu Grenzsoldaten. Grenzkontrollen bei Fahrten nach Berlin waren spannend und irgendwie unheimlich. Wir hatten keine Ostverwandtschaft, daher kannte ich die DDR nur aus der Schule, vom ›Übern-Zaun-Gucken‹ und Besuchen von Ost-Berlin. Es war halt einfach so.

> Bettina Hasse, Bad Harzburg

Die einzigartige friedliche, gewaltfreie Wende

Im Jahr 1989 war das Jahr der großen Ausreisewelle, als Ungarn seine Grenzen öffnete; demonstrierten in Leipzig 70 000 Menschen für eine Reform der DDR im Sinne von Michail Gorbatschows neuer Offenheit; kam es zum Regierungswechsel und fiel die Berliner Mauer.

Am Abend des 9. Novembers 1989 leitete eine denkwürdige Pressekonferenz mit Günter Schabowski den Fall der Mauer ein. Es sollte »kurzfristig erteilte Genehmigungen für Grenzübergänge ins Bundesgebiet und nach Westberlin« geben. Die Menschen, die diese Nachricht sahen, legten dies in einem Sinne aus, der schon längst im Unterbewusstsein vieler brodelte: Die Mauer muss weg, »sofort, unverzüglich«. Die Ostberliner zogen los und verlangten an der Mauer Durchlass, denn Schabowski habe es erlaubt. Zu den weiteren Vorgängen ist viel berichtet worden. Tatsächlich öffneten sich die Berliner Grenzübergänge in dieser Nacht. Euphorisch gefeiert von Ost und West. Das war der Beginn der Wiedervereinigung Deutschlands.

Die Grenzöffnung im Harz

Am 11. November um 16 Uhr öffnete sich der erste Grenzübergang im Harz – jene Grenze am kleinen Flüsschen Ecker, zwischen Eckertal und Stapelburg. Die Grenzsoldaten haben keine Order, wie sie sich zu verhalten haben, auf beiden Seiten der Grenze versammeln sich Menschen, Telefonate werden geführt, schließlich wird ein erster schmaler Übergang geschaffen, der schnell breiter und breiter wird. Von Ost nach West liefen die Leute und von West nach Ost. Auf provisorischen Holzbalken balancierten sie über die Ecker. Im Eckerkrug zapfte der damalige Bad Harzburger Bürgermeister Jockel Homann Bier für die vielen Gäste der spontanen Fete. In Stapelburg wurde aus einer Geburtstagsfeier im Kulturhaus eine Harz-Harzer Wiedervereinigungsfeier. Ein reger Buspendelverkehr zwischen Eckertal und Bad Harzburg setzte noch am selben Tag ein.

Menschen, die bei diesen Ereignissen dabei waren, hielten sich zumeist gerade zufällig in der Gegend auf und wollten »nur mal gucken«. Sie waren gar nicht darauf vorbereitet, urplötzlich einen historischen Moment zu erleben. Ein ehemaliger Kollege von mir, damals Redakteur der Goslarschen Zeitung, hatte an jenem Tag eine Entscheidung getroffen, die im Nachhinein, leider beim Grenzöffnungslotto leicht danebenlag:

> Tja, das war der Tag, als ich die Weltgeschichte knapp verpasst habe. Nach dem Mauerfall hieß es, jetzt würde auch der Zaun im Harz geöffnet. Also bin ich mit der Bergstraßen-WG hin zur Grenze, wir entschieden uns für die alte Verbindungsstraße zwischen Vienenburg und Lochtum. Wahrscheinlich, weil die Nordharz-Redakteurin Petra dabei war. Da standen wir dann. Wir waren so ungefähr zehn Leute auf

der einen Seite und auf der anderen Seite auch. Man hat sich zugewunken, aber die Grenze blieb zu, ein beschaulicher Moment, während 5 Kilometer südlich in Eckertal der Wahnsinn tobte.

Christian Schönfelder, ehemaliger Redakteur
der Goslarschen Zeitung

Die Grenze zwischen Zorge und Ellrich öffnete sich am 12. November, um 7:30 Uhr in der Frühe. Um 9:05 Uhr fährt nach vierzig Jahren wieder der erste Personenzug auf der Bahnlinie Nordhausen-Northeim, von Ellrich nach Walkenried.

Es war ein unglaubliches Vibrieren im Harz, das auf jeden Fall. Ich bin drei Wochen später zum Studium nach Heidelberg gezogen. Unfassbar, dass dort kaum jemanden interessiert hat, was an der Grenze passiert war.

Christian Schönfelder, Stuttgart

Grenzpfahl am Ostufer der Ecker bei Stapelburg.

215

Der Grenzübergang Hohegeiß/Rotheshütte öffnete am gleichen Tag, die Grenzsoldaten selbst demontierten den Zaun, den sie so lange bewacht hatten. Provisorische Brücken wurden über den Bremke-Bach gelegt. Überall, auch zwischen Braunlage und Elend, Osterhagen und Mackenrode waren die Leute auf den Beinen, um die Grenze zu überwinden.

> Der erste Spaziergang von Lochtum nach Abbenrode in der Weihnachtszeit war so spannend. Ein Gang in eine andere Welt.
>
> Joachim Ruhe, Bad Harzburg

Eine Sternwanderung zum Brocken am 3. Dezember öffnete endlich auch die Tore der bis dahin streng abgeriegelten Militäranlage auf dem Brockengipfel. Bis heute ist der Brockengipfel eine Art geschichtlicher Wallfahrtsort der Harzer, die allesamt »ihren Berg« nunmehr friedlich zurückerobert hatten. Täglich machen sich seither und bis heute Scharen von Wanderern – Einheimische und Gäste – auf, um den Gipfel zu ersteigen. Seit September 1991 schnauft auch die Brockenbahn wieder gen Brockenkuppe und zurück.

> Die Zeit war äußerst spannend. Geschichte live und wir waren vom ersten Tag an dabei! Ich erinnere mich an herzliche Begegnungen im zunächst echt fremden Land, wir erkundeten eine fremde Welt wie Neuland und haben liebe Freunde gefunden und damit auch ein ganz neues DDR-Verständnis.
>
> Bettina Hasse, Bad Harzburg

Orte der Erinnerung

Heute erinnert der Harzer Grenzweg an den Verlauf der ehemaligen Grenze, Beton, Draht und Türme sind verschwunden, der Bewuchs auf dem einstigen Grenzstreifen ist anders, irgendwie birkenübersäht, ein besonderes Biotop.

Verschiedene Schilder, Skulpturen und Denkmäler im Wegesverlauf erinnern an die Ereignisse.

Im ehemaligen Grenzort Sorge gründete sich im Jahr 2007 der Grenzmuseumsverein. Dieser betreut das Freiland-Grenzmuseum Sorge: Hier ist noch eine originale Grenzanlage zu sehen, wie sie einst den ganzen Harz und ganz Deutschland durchzog – mit Zäunen, Gewässersperre, Erdbunker und Informationstafeln.

In Bad Sachsa, Ortsteil Tettenborn, gibt es seit 1992 das Grenzlandmuseum im ehemaligen Bahnhof, das den Alltag dies- und jenseits der Grenze dokumentiert sowie an Grenzüberschreitungen erinnert und an die Schicksale der Menschen, die mit der Grenze in Berührung geraten waren.

Der Harz ist groß geworden nach der Wiedervereinigung.

Rosemarie Tippold, Magdeburg

Denkmal zur Grenzöffnung in Stapelburg.

217

Ein Dampfross stampft durch Wald und Flur – das sind Maschine und Natur

Die absolut faszinierenden Harzer Schmalspurbahnen und andere

1837 begann auf Betreiben des braunschweigischen Staatsmanns Philipp August von Amsberg (1788–1871) der Bau der Strecke Braunschweig–Wolfenbüttel–Bad Harzburg. Als erste Bahn in Deutschland war diese in staatlichem Besitz: genannt Herzoglich Braunschweigische Staatseisenbahn.

1838 startete der Dampfzugverkehr bis Wolfenbüttel, 1840 fuhren die Züge weiter über Vienenburg bis nach Bad Harzburg, das damals noch »Neustadt« hieß und als Kurort für die Stadtbewohner Braunschweigs dank der Eisenbahn zum Naherholungsgebiet wurde. Allerdings war die Steigung zwischen Vienenburg und Bad Harzburg damals noch zu steil für die Dampflok, darum mussten die Wagen dort von Pferden gezogen werden. In der Gegenrichtung war der Zug glücklicher unterwegs: Er rollte einfach den Berg hinunter, von Bremsern besetzt und mit einem zusätzlichen Extra-Waggon, in dem nun auch die Pferde gemütlich auf dem Rückweg reisten. Die Bergfahrt dauerte 35 Minuten, die Talfahrt dagegen nur 10 Minuten. Im Jahr 1843 waren dann die Dampflokomotiven stark genug, um ihren Job auch ohne die Hilfe der Pferde zu verrichten. Die Strecke ist bis heute in Betrieb. Und der Vienenburger Bahnhof ist der älteste noch erhaltene Bahnhof Deutschlands. Darin befindet sich u. a. auch das Eisenbahnmuseum Vienenburg.

Im Zick-Zack den Berg hinab

Von 1872 bis 1875 gebaut und bis 1885 in Betrieb war die älteste Industrieeisenbahn des Harzes die Blankenburger Hüttenbahn, auch Erzstufenbahn genannt. Aufgabe der normalspurigen Strecke war es, das bei Braunesumpf gewonnene Eisenerz zum Hochofen nach Blankenburg zu transportieren. Dabei musste ein Höhenunterschied von 180 Metern überwunden werden. Fünf separate Strecken (Stufen) wurden dafür angelegt, vier Tunnel mussten gebaut werden, u. a. der Bielsteintunnel, der später zugeschüttet und durch einen offenen Einschnitt im Berg ersetzt wurde. Wie bei einer Kugelbahn fuhren fünf dampflokbetriebene Züge auf je einer schräg in den Berg gebauten Strecke hin und her – jeweils am niedrigsten Punkt wurde die Ladung in den darunter wartenden Zug über Rollen abgekippt.

Die Rübelandbahn

Im Jahr 1885 löste die normalspurige Harzbahn, heute Rübelandbahn genannt, die Erzstufenbahn ab. Der steile Berg von

Klein und Groß beim Bestaunen der Dampflok.

Blankenburg nach Braunesumpf-Hüttenrode wurde mit Hilfe von zahnstangen-unterstützten Abschnitten sowie mit einer Spitzkehre in Michaelstein überwunden. Der Zug fährt in den Bahnhof Michaelstein ein, dann wird die Lok abgekoppelt und an das Zugende umgeleitet, dort wieder angekoppelt und die Bergfahrt wird sozusagen für den Zugreisenden gefühlt in anderer Fahrtrichtung fortgesetzt. Der Zug fuhr an den Erzbergwerken von Braunesumpf vorüber bis zu den Steinbrüchen von Rübeland und von dort weiter bis nach Königshütte und Tanne. Beeindruckend auf dieser Strecke ist u. a. das eiserne 100 Meter lange Kreuztalviadukt oder auch Krocksteinviadukt genannt, welches in einer Höhe von 30 Metern direkt über ein Wohnhaus führt. Diese Brücke liegt zwischen zwei Tunneln. Aus Richtung Hüttenrode kommend fährt der Zug in den 307-Meter-Tunnel Krumme Grube ein, schwebt unmittelbar danach 100 Meter lang sozusagen in der Luft (über das Kreuztalviadukt), um gleich darauf in den 90 Meter langen Nebelholztunnel einzutauchen.

Dieselloks lösten die Dampflokomotiven ab, später wurde die Strecke dann elektrifiziert. Noch heute werden auf der Strecke Güter transportiert und es gibt neuerdings auch eine weitere touristische Attraktion: Personenbeförderung zu den Rübeländer Tropfsteinhöhlen mit Dampflokbetrieb! Mit der Dampflok 95 027 ist somit eine große Schwester der Schmalspurlokomotiven im Harz unterwegs und macht noch größere, dickere Dampfwolken.

Steter Publikumsmagnet: die Harzer Schmalspurbahnen

Im Jahr 1886 begann die Planung für eine Harzer Schmalspurbahn mit dem Ziel, die Rohstoffe und Bodenschätze des Harzes schneller und unkomplizierter in die umliegenden Regionen zur Weiterverarbeitung zu transportieren. Aber auch der Personenbeförderung würden die neuen Strecken dienlich sein. Es gründete sich die Gernrode-Harzgeroder Eisenbahngesellschaft, die entschied, wegen des schwierigen bergigfelsigen Geländes und der damit verbundenen Kosten eine schmalere Spurbreite zu verwirklichen.

Von 1886 bis 1892 wurde die künftige Selketalbahn gebaut – von Gernrode über Mägdesprung bis Alexisbad und Harzgerode, von Alexisbad über Silberhütte, Güntersberge und Stiege nach Hasselfelde.

1896 ging es mit der Planung einer Harzquerbahn für die Strecke Nordhausen–Wernigerode mit einer Abzweigung zum Brocken weiter. Hierfür gründete sich die Nordhausen-Wernigeroder Eisenbahn, bis 1899 waren alle wichtigen Streckenabschnitte von Nordhausen über Ilfeld-Netzkater, Schierke, Drei Annen Hohne, Wernigerode und von Drei Annen Hohne zum Brocken fertig gestellt. Im Streckenabschnitt Stiege–Eisfelder Talmühle wurden die Strecken der Harzquerbahn, der Brockenbahn und der Selketalbahn miteinander verbunden.

Es wurde damals, im Jahr 1897, noch eine vierte Strecke der Harzer Schmalspurbahnen gebaut: die Südharzeisenbahn, die von Walkenried nach Braunlage führte. Doch diese überlebte die Grenzteilung des Harzes und die damit einhergehende Trennung vom Ostharzer Streckennetz nicht.
Ihr Betrieb musste eingestellt werden. *Die Brockenbahn.*

Ebenso erging es der Brockenbahn, auch sie durfte keine Personen mehr zum Gipfel befördern.

Nach der Wiedervereinigung Deutschlands und des Harzes wurde der Betrieb der Brockenbahn wiederaufgenommen, das war im Jahr 1992. Neue Betreibergesellschaft war zu diesem Zeitpunkt schon die Harzer Schmalspurbahnen GmbH (HSB).

In den Jahren 2005 bis 2006 wurde die Selketalbahn um 8,5 Kilometer von Gernrode bis Quedlinburg verlängert. 2006 präsentiert sich die HSB GmbH mit der Rockoper *Faust* auf dem Brocken auch als Event-Veranstalter. Seit 2008 bietet die HSB eine Dampflokführerausbildung an. Die nostalgischen, dampflokbetriebenen Harzer Schmalspurbahnen sind heute eine der bedeutendsten touristischen Attraktionen im Harz, hochmodern trotz Nostalgie, mit sanierten Bahnstationen und frisch restaurierten Dampflokomotiven, mit vielen prominenten Fahrgästen und mit stetem, großem Publikumszuspruch, der sich oft zu Begeisterung steigert.

Hier dürfen wir noch, was im normalen Bahnverkehr verboten und unmöglich geworden ist: auf den Außenplattformen der Waggons stehen und uns während der Fahrt den Dampf und den Wind um die Ohren wehen lassen.

Zeitreisende im Selketal

Es muss kurz vor Silvester 1979 gewesen sein. Das Städtchen Harzgerode, auf einer lichten Hochebene gelegen, mit seinem märchenhaften Fachwerk-Rathaus im Zentrum, lag friedlich im kühlen Schein der Wintersonne. Der filigrane, elfenhafte Turm des Gebäudes schien einen stummen Dialog mit dem wuchtigen Turm der Marienkirche zu führen. Nur wenige Menschen waren unterwegs, diese Tage zwischen Weihnachten und Neujahr wirkten wie aus der Zeit geschnitten. Plötzlich jedoch wurde die Stille von einem schrillen Pfiff zerrissen, dem ein himmelhoher rußgeschwärzter Dampfstoß folgte. Die Dampflok der Selketalbahn stand abfahrbereit am Bahnhof, schwere Dampfwolken ausstoßend setzte sie sich kolbenstampfend in Bewegung. Wir waren an Bord. Ja, ich hatte mich schon vor einigen Jahren in die Harzer Schmalspurbahn

verliebt. In den »Quirl« von Nordhausen. Hier wird Wasser getankt.
Die Selketalbahn befuhr den östlichsten
Teil des Streckennetzes, hier war ich bisher noch nie. Ich freute
mich auf die Fahrt. Meine Eltern hatten es sich im hinteren
Waggon im warmen Abteil gemütlich gemacht, doch mich
hielt es nicht auf dem Sitz. Ich band mir den Schal fester und
zog die Mütze über meine Ohren, dann ging ich auf die Plattform. Ich wollte durch den Zug laufen und näher an die Lok
herankommen. Der Fahrtwind ließ meine Nase zu Eis erstar-
ren. Hell und licht erstreckte sich die Hochebene, wir fuhren
auf den Waldsaum zu und erreichten bald den Kurort Alexisbad und das Selke-Flüsschen, das ein Stück neben den Bahn-
gleisen einherplätscherte. Doch gegen den Lärm des Dampf-
zuges kam es nicht an. Ich stemmte die Tür zum nächsten
Waggon auf. Der Zug hielt gerade im Bahnhof von Alexisbad.
   Ungewöhnlich altmodisch gekleidete Leute stiegen ein.
Einer der Männer hatte auf seiner Schulter ein Kapuzineräff-
chen sitzen, wie Pippi Langstrumpf. Neben mir stand plötzlich
ein semmelblonder, sommersprossiger Junge, der kein Kostüm
trug, sondern einfach eine dicke Jacke, jedoch keine Mütze.

Seine Ohren waren von der Kälte draußen ganz rot. »Die sehen ja piekfein aus, die Leute hier«, sagte der Junge, »beinahe wie Paradegeneräle!«

»Was haben Sie herausgefunden, Doktor?«, fragte der piekfeinste Paradegeneral seinen Begleiter. »Die Quellen, Fürst Alexius, sind äußerst reichhaltig an Eisen und Mangan, wir sollten hier einen Kurort errichten, mit Bädern, Salons und Trinkhallen. Das ist beim Adel gerade sehr angesagt, die Leute werden in Scharen hierherkommen. Ich habe Schinkel in Berlin geschrieben, er ist bereit, uns einige Kuranlagen zu entwerfen, ein Teehaus für die Damen z. B.« »So soll es sein«, sagte Fürst Alexius, »und der neue Kurort soll Alexisbad heißen.« »Na hör mal«, sagte der Junge, »das ist doch Schnee von gestern!«

Dampfwolken stoben vom Fahrwerk des Zuges her auf. Die Wagen setzten sich wieder in Bewegung. Fürst und Doktor waren plötzlich verschwunden. Der Mann mit dem Äffchen war noch da, ihm gegenüber saß eine Frau mit einer Haube auf dem Kopf. »Wie im Film ist das«, staunte der Junge. »Gut siehst du aus, mein Lieber, die Kur ist dir gut bekommen«, sagte die Frau. »Ich fühle mich gut, und ich habe die Idee für eine neue Oper«, sagte der Mann, »sie handelt von einem Freischütz aus Zellerfeld. In meiner Geschichte verkauft ein der Junge dem Teufel seine Seele, um mit dem Gewehr jedes Ziel zu treffen. Der Junge braucht einen Meisterschuss, um sein geliebtes Mädchen für sich erobern zu können.« Die Frau lächelte. »Ich sehe schon die Anschläge am Königlichen Schauspielhaus: Carl Maria von Weber: Der Freischütz! Das klingt gut!« Der Musiker lachte. »Der Harzwald wäre eine gute Kulisse!« Das Äffchen turnte an seinem Arm herum. »Na schau, Schnuff Weber ist ganz meiner Meinung!«, sagte Carl Maria von Weber zu seiner Frau. Eine weitere Dampfwolke zog am Fenster vorbei und das Paar löste sich mit ihr in Nebel auf. Nun waren nur noch normal gekleidete Reisende im Abteil, alle in ihre eigenen Gespräche vertieft und der semmelblonde Junge der mich aufmerksam betrachtete. »Du hast ja 'ne lebhafte Phantasie«, sagte er. Ich zuckte etwas verlegen mit den Schultern und schob mich an ihm vorbei auf die nächste Plattform hinaus. Der Junge folgte mir. Er war viel-

leicht zwei Jahre älter als ich, vielleicht auch weniger. Er hatte blaue Augen und blonde Wimpern. Der eiskalte Fahrtwind fuhr ihm in die Haare, doch es schien ihm nichts auszumachen.

Immer weiter fuhr der Zug an einem Ort namens »Drahtzug« vorbei Richtung Mägdesprung. Eine Riesin stand auf einer Kuppe des Berges und blickte zögernd über das Tal. Ein Bäuerlein stand auf der großen Zehe des Mädchens und lachte es aus: »Traust dich ja doch nicht, über das Tal zu hüpfen, du Feigling!«, kicherte es. Da schnappte sich das riesige Mädchen den kleinen Bauersmann samt seinem Ochsen und dem Pflug, nahm Anlauf und sprang über das Selketal hinüber auf den gegenüberliegenden Berg. Da hat das Bäuerlein dann nicht mehr gelacht, sondern sich fast in die Hosen gemacht. Der Ort im Tal jedoch hatte seinen Namen von dieser Geschichte. Und es ist sind auch noch die Fußabdrücke des Mädchens vom Absprung und von der Landung zu sehen. Der Zug stampfte unter der springenden Riesin hindurch. Wanderer, die direkt von der Magdtrappe kamen, stiegen am Bahnhof hinzu und wärmten sich erst einmal mit Grog aus ihren Thermoskannen. Weiter fuhr der Zug. Der fremde Junge und ich liefen durchs nächste Abteil.

Dort saß eine Gruppe lärmender Männer. Sie redeten über ihren Job in der Eisenhütte unterm Mägdesprung. Auch sie trugen historische Kostüme, Sachen, die ich in einem der Heimatmuseen gesehen hatte. »Das sind Eisengießer aus dem Carlswerk«, sagte der Junge. »Sie scheinen ein Problem zu haben«, antwortete ich. Denn die Männer gerieten in Streit. »Was ist das überhaupt, ein Obelisk?«, fragte einer. »Egal, was das ist, es ist ein Auftrag von Herzog Alexius«, sagte ein anderer. Der andere sah ihn giftig an. »Wie sollen wir eine 12 Meter große Eisenplatte gießen, ohne Kristallbildung und in der richtigen Form?« »Ha, was ist das Problem? Ich könnte dir einen Hirsch aus Eisen gießen, da wird ja wohl eine einfache Wand kein Problem sein!« »Für den Obelisken braucht es vier solcher Wände!« »Also ich kann ALLES aus Eisen gießen, Obelisken, Tempelsäulen, Kreuze und Hirsche, man muss es einfach nur machen.« »Genau! Wir werden die Landschaft mit Skulpturen aus unserer Eisengießerei schmücken, in zwei-, dreihundert Jahren stehen die noch!«

Weiter hinten im Abteil saß eine andere Männergruppe. Hier drehte sich das Gespräch um Maschinen und deren Funktion, wie die Wasserräder in der Selke der Mechanisierung im Maschinenwerk Vortrieb geleistet hätten, dass es sinnvoll sei, eine Dampfkesselüberwachungsgemeinschaft zu gründen, damit es nicht immer wieder zu folgenschweren Explosionen käme. Sie unterhielten sich über die Luftschifffahrtspläne des Grafen von Zeppelin und darüber, wie gut es gewesen sei, einige Jahre zuvor in Alexisbad den Verein Deutscher Ingenieure gegründet zu haben, denn seitdem habe sich vieles getan und die technischen Wissenschaften seien anerkannter denn je.

Das Flüsschen Selke, das bisher neben der Bahntrasse entlanggeplätschert war, zog nun seiner eigenen Wege, das Nachbartal hinab, um dort zu Füßen der malerischen Burg Falkenstein zu glänzen, während der Zug die Überfahrt über den Ramberg wählte. Die Lok schnaufte mit hämmernden Dampfstößen ziemlich steil einen Berg hinauf. Wir waren nun im vorderen Wagen angekommen und konnten die Ventile der Dampfkessel hören.

»Die Lok heißt Fifi«, sagte der fremde Junge. »Sie hat eine Saugluftbremse«, fügte er hinzu. Und weil ich nichts antwortete, fiel ihm noch ein, dass die Saugluftbremse bald zu einer Druckluftbremse umgebaut werden solle. »Aha«, sagte ich. »Wir fahren jetzt die steilste Auffahrt hoch«, sagte der Junge, »das sind mindestens 40 % Anstieg.« »Woher weißt du das alles?«, fragte ich ihn. »Ich fahre öfter auf der Strecke«, sagte er, »ich wohne in Quedlinburg, das ist ganz in der Nähe. Leider führen diese Gleise nur bis Gernrode, aber es wäre cool, mit Volldampf bis vor die Haustür zu fahren.«

An der Station Sternhaus Ramberg strömte eine Gruppe von Jägern in den Waggon. »Wir legen sternenförmig sechs oder acht Schneisen durch die Forsten des Ramberges«, sagte der größte von ihnen, ein bärtiger Mensch, dem die anderen voller Ehrfurcht zuhörten. »Diese bauen wir zu Reitwegen aus und treiben alles Getier auf diesen Wegen den Berg hinauf. Dort werden wir dann Beute machen. Und oben auf dem Kreuzpunkt all dieser Wege will ich ein Haus errichten mit Fenstern auf alle acht Alleen.« »Bravo, Fürst Albrecht«, riefen die Jäger ihm zu und freuten sich schon jetzt auf künftige Gelage in ihrem »Sternhaus«. Auf der Nebenbank schlief von den Leuten unbemerkt ein Bär, es war der letzte seiner Art im Harz, und er war bereits 1696 von den Vorfahren jener Jäger erlegt worden. Ein Denkmal auf dem Ramberg würde noch dreihundert Jahre später an ihn erinnern.

Langsam liefen der Junge und ich durch den Waggon wieder zurück zum hinteren Ende des Zuges, denn bald war Gernrode erreicht und bis dahin wollte ich wieder bei meinen Eltern sein. Unterwegs sahen wir einen Mann in der weißen Kleidung eines Müllers mit einem rotgesichtigen Herrn diskutieren. »Der sieht aus wie der Teufel persönlich«, sagte der Junge. Ich nickte und mir war nun klar, warum diese Zugfahrt so wahr war, wie sie war. Der Müller sagte: »Wenn ich eine Mühle auf dem Gipfel des Rambergs hätte, dann hätte ich Wind und könnte mahlen, aber wie bekomme ich die Steine dorthin, es ist ein Ärger!« »Ich baue Dir eine Mühle im Verlauf einer Nacht, wenn Du mir Deine Seele dafür gibst«, sagte da der Teufel. Mühle oder Seele, der Müller dachte zwei Sekunden nach. »Bau mir die Mühle«, sagte er. Der Teufel nahm ein

Stampfend und dampfend durch den Winterwald.

paar Granitkiesel aus seiner Hosentasche und türmte eine Mühle auf dem kleinen Zugtischlein am Fenster auf. »Fertig!« »Der Müller betrachtete die Mühle und wurde auf einmal fröhlich, er sagte: »Ha! Du hast den Vertrag nicht erfüllt, da fehlt ja der Mahlstein, ohne Mahlstein ist es doch gar keine Mühle!« „Na warte«, sagte der Teufel und wühlte suchend in seiner Hosentasche. »Kikeriki«, sagte der blonde Junge neben mir. »Haha!«, lachte der Müller. »Der Hahn hat gekräht, die Nacht ist vorbei, dein Vertrag ist ungültig!« »So ein Mist!«, sagte der Teufel und schnippte mit dem Finger gegen seine steinerne Mühle, die daraufhin in Trümmer fiel. Und diese Trümmer sahen genau aus wie die Klippen auf der Viktorshöhe des Rambergs, die die Leute »Teufelsmühle« nennen, obwohl sie eindeutig nicht durch den Teufel, sondern durch Wollsackverwitterung entstanden sein sollen, wie die Wissenschaftler bekunden.

Fröhlich ratterte nun der Zug den Berg hinunter. Im nächsten Waggon sagte jemand gerade: »Ich werde die größte Kuckucksuhr der Welt in Gernrode bauen. Oder vielleicht auch wenigstens die zweitgrößte!« »Dann spendiere ich Dir eine Kiste von meinem Likör«, sagte eine andere Stimme. Der Fuß des Berges war schon erreicht, der Wald blieb hinter dem Zug zurück, winterlich glitzerte nun eine weitläufige Wiesenlandschaft in der Kälte. Hoch stiegen die Dampfwolken der Bahn. »Das war eine spannende Fahrt«, sagte der Junge und gab mir die Hand, »dann war das doch nicht so ein langweiliger Ferientag.« »Da hast du recht«, sagte ich und drückte ganz kurz seine Hand. »Vielleicht komme ich ja mal nach Quedlinburg und dann treffen wir uns wieder.« »Quedlinburg ist toll«, sagte der Junge, »da kannste richtige Abenteuer erleben.« Danach trennten wir uns. Er blieb neben der Zugtür stehen, ich ging weiter bis zum letzten Waggon, wo meine Eltern noch gemütlich saßen und Tee mit einem Schuss Rum tranken. »Ich habe eine Riesin von einem Berg zum anderen springen sehen«, sagte mein Vater. »Ich habe viel zu viel Rum in den Tee gekippt«, sagte meine Mutter. Fifis Signalpfeife ertönte und der Zug rollte in Gernrode ein, wo er dampfend und schnaufend stehen blieb. Damals war es noch Endstation. Heute geht die Fahrt weiter bis nach Quedlinburg. Den Jungen traf ich später wieder und habe ihn geheiratet.

Die Rückkehr der Luchse und Wildkatzen

Nationalpark Harz – Naturschutz auf höchstem Niveau

Ich erinnere mich an eine Situation in meiner Kindheit in den 1970er Jahren. Wir standen in Leipzig an der Weißen Elster, ein breiter, brauner Fluss, der nach Phenol stank (so sagten es meine Eltern) und braunen Schaum auf den Wellen trug. Kein Fisch konnte darin überlebt haben. Und mein Vater erzählte, wie er in seiner Kindheit in Flüssen gebadet hatte, deren Wasser so klar war, dass man den Grund sehen konnte, wie er geangelt und mit seinen Freunden Flöße gebaut hatte, auf denen sie tatsächlich ein Stück den Fluss entlangschippern konnten. Und ich war so neidisch auf den Fluss meines Vaters, der so klares Wasser hatte, dass man den Grund sehen konnte und Fische darin, und ich war traurig, weil ich das nicht auch haben konnte, weil der Fluss meiner Heimat verdreckt, stinkend und tot war.

Zum Glück hat sich viel zum Guten verändert. Der Weißen Elster geht es wieder besser, sie stinkt

Die Brockenkuppe.

nicht mehr nach Industrieabfällen und es gibt auch wieder Fische und anderes Leben in diesem Gewässer.

Und ganz ähnlich mag es im Harz gewesen sein. Die Bergwerks- und Eisenhüttenindustrie hatten den Boden vergiftet, die Monokultur in der Holzwirtschaft hatte zu großflächigen Waldsterben durch Borkenkäferbefall geführt. Saurer Regen voller Industriedreck aus anderen Regionen hätte dem Wald irgendwann den Rest gegeben und wir hätten unseren Kindern erzählt, dass hier früher noch ein herrlicher grüner Wald gewesen sei, mit vielen Bäumen, und Vögel hätten darin gesungen, es hätte Hirsche und Wildschweine gegeben. Jetzt aber sei hier leider nichts mehr ... Was für ein Alptraum das wäre! Wir waren dicht davor. Zum Glück aber haben wir endlich gelernt, den Wert und die Kräfte der Natur anders einzuschätzen. In den 1990er Jahren wurde der Nationalpark Harz gegründet. Nun hegen und pflegen wir den kranken Wald, damit er gesunde, und die ersten Erfolge stellen sich bereits ein.

Wichtige Nationalpark-Regeln

Mehr als tausend Säcke Müll sammeln die Ranger jedes Jahr im Nationalpark Harz entlang der Wege ein, das ist traurige Realität. Der Müll aber sollte nicht im Wald landen, sondern wieder mitgenommen bzw. in dafür vorgesehene Behälter entsorgt werden. Es dürfen im Nationalpark keine Pflanzen, auch keine Pilze, gepflückt oder gesammelt werden, Feuer entzünden ist verboten, Hunde müssen an die Leine genommen werden. Man sollte möglichst keinen Lärm machen. Campen und Rauchen ist verboten. Es gilt ein Wegegebot: Besucher sollen auf den beschilderten Wanderwegen bleiben.

Der Nationalpark Harz

Das Hauptmotto eines Nationalparks ist: Natur Natur sein und sich selbst und ihren eigenen Gesetzen überlassen.

Das fällt uns Menschen nicht leicht, denn wir verzichten auf Bewirtschaftung und müssen stattdessen andere Werte in

Nationalparkbewohner.

unserem Handeln entdecken und kommunizieren. Darum ist ein Nationalpark immer auch ein Ort der Bildung und der Forschung. Endlich entdecken wir die Natur wieder neu, ihre Kraft, und dass wir selbst ein Teil davon sind.

Im Nationalpark Harz wird von einer sagenumwobenen Bergwildnis gesprochen, Fichten- und Buchenwälder, Hochmoore, himmelhohe Granitklippen in den bizarrsten Formen, Blockhalden und Bergbäche bilden vielerorts ein wildromantisches absolut sehens-, hörens- und riechenswertes Ensemble.

Die Luft ist so klar und kühl und der Duft der Wälder unbeschreiblich. Es leben u. a. Rothirsche darin, Wildschweine, Rehe, Luchse, Wildkatzen, Wanderfalken, Feuersalamander, Fledermäuse, Wasseramseln, Kleiber, Rauhfußkauze, Auerhühner, Kröten, Ringelnattern, Grasfrösche, Schwarzspechte, Blau-, Kohl- und Tannenmeisen, Winter- und Sommergoldhähnchen, Zaunkönige, Siebenschläfer, Smaragdlibellen, Eidechsen, Schneeflöhe, leider auch noch der eine oder andere Borkenkäfer zu viel, Forellen, Bachneunaugen, Köcherfliegen, Käfer, Spinnen, große, kleine, dicke, dünne ...

Die älteste aller Kreuzspinnen, die Urmutter wahrscheinlich, lebte am Rande des Nationalparks in Bad Harzburg auf unserer Veranda. Sie tauchte stets in der Abenddämmerung auf und war groß und weiß, irgendwie faltig und unheimlich.

> Zu meinen eindrücklichsten Tiererlebnissen im Harz zählt ein Uhu, der in meiner Kindheit bei uns in der Elfenecke auf dem Steintritt saß. Und die Luchse an den Rabenklippen sind beeindruckend.

> Bettina Hasse, Bad Harzburg

Auf engstem Raum finden sich im nördlichsten Gebirge, dem Harz, alle Höhenstufen vom Hügelland bis hinauf zur Brockenkuppe. Auf dieser Brockenkuppe herrscht ein ungewöhnliches Klima. Es ist mit dem Islands oder Skandinaviens vergleichbar, in den Alpen müsste man dafür ganze 1000 Höhenmeter mehr zurücklegen.

Der Brocken ist in der deutschen Mittelgebirgsgemeinde weit und breit der einzige Berg mit natürlicher Baumgrenze ab einer Höhe von 1100 Metern. Die stärksten Winde wehen über die tundrenartige Heidevegetation seiner Kuppe. Der regenreiche, bachdurchzogene Harz zählt zudem zu den wasserreichsten Regionen Deutschlands, er ist ein saftiges, kluftiges, romantisches und abwechslungsreiches Stück Natur.

Steckbrief Nationalpark Harz

- *Erster länderübergreifender Nationalpark Deutschlands, entstanden im Jahr 2006 aus der Fusion zweier bereits existierender Nationalparks: dem Nationalpark Hochharz (gegründet 1990 in Sachsen-Anhalt) und dem Nationalpark Harz (gegründet 1994 in Niedersachsen)*
- *Ziele des Nationalparks: Biotopenschutz, Artenschutz, Renaturierung, Waldbehandlung, Wildbestandsregulierung zum Erhalt bzw. zur Wiederherstellung der besonderen Eigenart, landschaftlichen Schönheit, Ruhe und Ungestörtheit des Gebietes, Schaffung von Voraussetzungen für eine natürliche Wiederbesiedlung durch Pflanzen- und Tierarten, die aus dem Gebiet ganz oder weitgehend verdrängt sind, Bildungs- und Informationsarbeit, zudem Forschung*
- *Hauptsitz der Nationalparkverwaltung in Wernigerode, eine Außenstelle in Sankt Andreasberg*
- *Nationalparkfläche: 25 000 Hektar, das sind 10 % der Harzfläche*
- *Gebiet: rund um den Brocken und zwischen den Orten Bad Harzburg, Eckertal, Wernigerode, Schierke, Ilsenburg, Drei Annen Hohne, Braunlage, Sankt Andreasberg, Herzberg, Riefensbeek-Kamschlacken und Altenau*

Das Große Torfhausmoor.

- *Höchster Punkt: Brockenkuppe mit 1 141 Metern*
- *Besonderheiten:*
  - ▸ *Hochmoore mit seltener Vegetation wie z. B. dem Rund-blättrigen Sonnentau, alpines Klima auf dem Brocken mit seltenen Pflanzen, Flechten und Moosen*
  - ▸ *die Wiederansiedelung des Luchses*
  - ▸ *besondere Berufe: Nationalpark-Ranger, Luchs-Beauf-tragter*

Das Luchs-Projekt

Elf Tage lang wurde im Jahr 1818 der letzte wilde Luchs des Harzes von etwa zweihundert Jägern verfolgt. Am 17. März traf ihn bei Lautenthal der tödliche Schuss. Somit hatte die Gattung Mensch die Gattung Luchs im Harz ausgerottet. Der letzte Harzer Luchs ist noch heute im Naturhistorischen Museum in Braunschweig zu sehen.

Der kranke Wald erforderte ein Umdenken, es galt, das Ökosystem wieder zu stärken und dessen Selbstheilungskräfte zu mobilisieren – dazu gehört auch eine Selbstregulierung im Tierbestand, ein Raubtier, das hier einmal heimisch gewesen ist. Das niedersächsische Umweltministerium dachte etwa im Jahr 1994 über die Wiedereinbürgerung des Luchses im Harz nach. Es musste noch einige Überzeugungsarbeit geleistet werden, bis im Jahr 2000 tatsächlich das Luchs-Projekt im Harz starten konnte. Erstmals in Deutschland sollte versucht werden, die größte europäische Katze wieder anzusiedeln.

Verantwortlich für die praktische Umsetzung des Projektes war fortan die Nationalparkverwaltung Harz.

Am Vorhaben beteiligt sind die verantwortlichen Ministerien von Niedersachen, Sachsen-Anhalt und Thüringen sowie die Niedersächsische Landesjägerschaft, außerdem die Jägervereinigungen der beiden anderen Länder.

Im Wald in der Nähe von Bad Harzburg wurde das Projekt vorbereitet und umgesetzt. In der Zeit vom Sommer 2000 bis zum Herbst 2006 entließen die Luchsexperten insgesamt 24 Luchse in die Freiheit der Harzwälder: neun Männchen und 15 Weibchen. Sie waren in europäischen Wildparkgehegen zur Welt gekommen. Vor ihrer Freilassung hatten sie in einem 4 Hektar großen Auswilderungsgehege im Nationalpark Harz, dessen Ort geheim war, gelebt, denn die Luchse sollten sich nicht an Menschen gewöhnen, sondern scheu und wild bleiben. Zu zahme, an Menschen gewöhnte Luchse können in der Freiheit nicht überleben, sie würden nicht genug Wild erbeuten.

Die ausgewilderten Tiere wanderten nun durch den Harz, manche legten in einer Nacht 50 Kilometer zurück. Im Sommer 2002 konnten die Ranger erstmals wild geborene Jungluchse im Harz nachweisen. Seither sind in jeder Saison neue Jungtiere geboren worden. Sollte es bei dieser Entwicklung bleiben, sind keine weiteren Auswilderungen nötig, dann kann sich die Population von alleine weiter erholen und gedeihen.

Bad Harzburg – Stadt mit Luchs-Logo

Wer mehr über das Luchs-Projekt erfahren möchte, ist in Bad Harzburg an der richtigen Stelle. Von hier aus gelangen die Besucher zu Fuß, mithilfe der Burgberg-Seilbahn oder auch mit dem Erdgasbus zu den Rabenklippen. Dort gibt es zum einen eine Waldgaststätte, zum zweiten einen atemberaubenden Blick zum Brocken und zum dritten ein Luchs-Schaugehege. Darin leben vier Luchse, die zu sehr an Menschen gewöhnt sind, als dass sie ausgewildert werden könnten. Diese Luchse jedoch können im Gegensatz zu ihren scheuen Artgenossen mit etwas Glück in ihren weiträumigen Waldgehegen beobachtet werden. Jeden Mittwoch und jeden Sonnabend um 14:30 Uhr gibt es öffentliche Fütterungen, bei denen ein Nationalpark-Mitarbeiter alle Fragen zu den Luchsen beantwortet. Eine Beobachtungsplattform erleichtert zudem den Überblick über die waldigen, felsigen Gehege und gewährt einen zaunfreien Blick auf die schönen und anmutigen Tiere.

In der interaktiven Luchsausstellung im Haus der Natur in Bad Harzburg erfährt man die aktuellsten Neuigkeiten aus dem Luchs-Projekt, hier sind auch Aufnahmen der Foto- und Videofallen zu sehen, die das Verhalten der Luchse in freier Wildbahn zeigen.

Urwald erleben: besondere Ausflugsziele im Nationalpark Harz

Das Nationalpark-Bildungszentrum in Sankt Andreasberg bietet ein umfangreiches Programm für Kindergärten und Schulen auch über die anderen Nationalparkhäuser an. So z. B. die Lehrerinitiative RUZ (Regionales Umweltbildungszentrum), diese verlegt den Unterricht für Schulklassen in den Wald, wo die Kinder Pflanzen, Insekten, Tierspuren, Bäche u. a. untersuchen, womit sie für die Natur sensibilisiert werden sollen, über sie staunen, sie entdecken können.

Gruppen – privat oder auch von Schulen – können zudem jederzeit Kontakt zu den Nationalpark-Rangern aufnehmen und sich von ihnen Teile des Nationalparks – z. B. die Moore – zeigen lassen. Über lange Holzstege lässt sich so das **Große Torfhausmoor** erkunden (Foto S. 232f.), das einen herrlichen Blick zum Brocken und einen weiten Himmel offenbart.

Für Kinder im Vorschulalter gibt es den **Löwenzahn-Entdeckerpfad** in Drei Annen Hohne, der über viele spannende Naturbeobachtungsstationen (wie z. B. eine riesige begehbare Holz-Eule mit speziellem Gehör) zur Rangerstation und dem Natur-Erlebniszentrum HohneHof führt, eines der Nationalparkhäuser und Infozentren, wo neben Gastronomie auch viele Informationen, Videovorführungen und themenbezogene Spiele geboten werden und der direkte Kontakt zu den Rangern möglich ist. Eine große Feuerstelle im Hof lädt zum Verweilen ein, ebenso die bunten, lustigen Figuren aus Holz, die auf dem Weg dorthin zu finden sind.

Im **Brockengarten** wachsen 1 500 Pflanzenarten der Hochgebirge aus aller Welt. Er wurde bereits im Jahr 1890 zur Lehr- und Forschungszwecken gegründet, während der Brocken in DDR-Zeiten Sperrgebiet war, wurde diese Nutzung dann eingestellt. 1990 begann man dann mit dem Wiederaufbau des Gartens. Einzigartig: die Brockenanemone (*Pulsatilla alpina subsp. alba*), sie wächst nur hier.

Im Südharz bei Lonau gibt es ein **Auerhuhn-Schaugehege**. Ein besonderer Hühnerhaufen ist hier zu erleben: Auerhühner, Birk- und Haselhühner. **Wildtier-Beobachtungsstationen** sind zu finden u. a. in der Nationalpark-Waldgaststätte Mol-

kenhaus und im Odertal zwischen Oder-
haus und Nationalpark-Waldgaststätte
Rinderstall.

*Dank des Luchs-Auswilde-
rungsprojektes ist diese
schöne Raubkatze wieder
im Harz heimisch geworden.*

Das Nationalparkhaus Ilsetal informiert
über den Borkenkäfer, wie die durch den
Menschen eingeführte Monokultur zum Borkenkäferbefall
führen konnte, wie aber auch im toten Holz nun neues Leben
entsteht. Der **Borkenkäferpfad** im Ilsetal vertieft dieses Thema auf anschauliche Weise.

Der **Naturmythenpfad** bei Braunlage (4 Kilometer) mit
zehn Mitmachstationen ist, wie auch der Löwenzahnpfad, besonders für Familien mit Kindern geeignet.

Den Urwald erleben – das natürliche Leben und Vergehen
eines Waldes und welche Kraft der Natur innewohnt –, dies
kann schon teilweise erfahren werden: u. a. am **Urwaldstieg**
am Brocken, einem Abzweig von der Brockenstraße, auf dem
WaldWandelWeg am Schubenstein, etwa 1,5 Kilometer vom
Nationalpark-Besucherzentrum Torfhaus entfernt, am **Infor-
mationspunkt am Quitschenberg**, wo im Februar 1992 ein
Sturm den Fichtenforst umwarf – hier wurde nicht aufge-

räumt, die Natur selbst übernimmt die Regie. Weitere Erfahrungen können auf dem **Wildnispfad Altenau** gesammelt werden, wo aus dem Nutzwald nun nach und nach ein Naturwald wird, sowie auf dem **Seelenpfad** in Herzberg.

Im **Nationalpark-Jugendwaldheim Brunnenbachsmühle** haben Jugendliche die Möglichkeit, selbst aktiv beim Schutz der Natur zu helfen.

Der Nationalpark bietet auch barrierefreies Erleben: Möglich wird das mit der Brockenbahn und mit Busfahrten in das Nationalparkgebiet.

> Ich wünsche mir für die Zukunft des Harzes, dass wirklich zusammenwächst, was doch sowieso eins ist und dieser Wettkampf der Landkreise um Touristen mal aufhört. Es gilt, gemeinsam den Harz so natürlich wie möglich zu belassen, ohne die Menschen auszusperren. Innovative Wege zu einem sanften Tourismus würde ich das nennen.
>
> Christian Schönfelder, Stuttgart

Um den Nationalpark Harz herum hat auch der Tourismus zu einer neuen Form gefunden. Nach dem Ende von tausend Jahren Bergbau und Hüttenindustrie muss der Harz sich nun seit Ende des 20. Jahrhunderts neu erfinden. Er ist Urlaubsregion geworden. Es musste und muss einiges investiert werden, um die Attraktivität für Besucher zu bewahren und zu steigern. Das hat zu einer Reihe von vielen neuen touristischen Angeboten geführt.

Thale z. B. bietet Familien rund um die Seilbahnen, um Hexentanzplatz und Rosstrappe einen ganzen Bespaßungspark mit kopfstehendem Hexenhaus, Streichelzoo, Sommerrodelbahn, Karussels und Kletterpark.

Bad Harzburg offeriert mit dem neu eröffneten **Baumwipfelpfad** eine besondere Perspektive. Zipline-Flüge an der Rappbodetalsperre sorgen für Adrenalinschübe, die **Pulman City** in Hasselfelde lockt mit Cowboy- und Indianerspektakeln und zu guter Letzt bieten Themenpfade Informationen und Unterhaltung unterschiedlichster Art auf Spaziergängen sowie Wanderungen.

Das Huhn pickt am Korn, der Auerhahn nippt Bier

Kulinarische Entdeckungstour zwischen Schnaps und Baumkuchen

Jede Gegend hat ihre kulinarischen Spezialitäten. Essen und Trinken bleibt uns von unseren Reisen oft in besonderer Erinnerung. Darum möchte ich hiermit auch den kulinarischen Harz vorstellen, wobei es natürlich nicht nur um Schnaps und Bier gehen sollte, doch diese beiden Vertreter sind in auffälliger Weise präsent. Beispielsweise in Form von:

Schierker Feuerstein

Harzer Abende können empfindlich kühl sein. Doch gegen die Kälte hilft ein Kräuterlikör namens Schierker Feuerstein. Und – oh Wunder – er mundet eisgekühlt und heizt dennoch den Magen und den ganzen Menschen gleich mit. Ich friere leicht und habe es ausprobiert, sozusagen als letzte Lösung. Es funktioniert!

Im Jahr 1920 erfand Willy Drube (1880–1952), Besitzer der Apotheke »Zum Roten Fingerhut« in Schierke, das Rezept für seinen Heiz- und Wohlbefindenwiederherstellungs-Likör. Er benannte ihn wegen seiner rötlichen Färbung nach den Feuersteinklippen bei Schierke. Sein Ziel war, ein Arzneimittel zu finden, das Kurgästen mit Magenbeschwerden helfen sollte. Die Rezeptur wurde ein voller Erfolg. Zunächst gab der Apotheker nur kleine Mengen seiner Mixtur an seine Kunden weiter, doch schon bald erwarb er ein Patent auf seinen Kräuter-Halbbitter und die Mengen wurden größer und immer beliebter. Denn so ein Schierker Feuerstein wärmt nicht nur, er schmeckt auch wirklich gut.

In Schierke befindet sich heute eine Ausstellung in der einstigen Apotheke »Zum Roten Fingerhut« – hier erfahren

Besucher alles zur Geschichte des Likörs und über seinen Erfinder Willy Drube. Nur das Rezept bleibt ein streng gehütetes Geheimnis. Das Haus ist von außen leicht an der übermannshohen Schierker-Feuerstein-Likörflasche zu erkennen.

Drube hatte sich schon zu Lebzeiten einen Spruch für seinen Grabstein ausgewählt, der nun tatsächlich seine letzte Ruhestätte in Schierke ziert. In goldener Schrift verfasst ist zu lesen:

In dieser Erdengrube
ruht Apotheker Drube
Oh Wanderer, eile fort von hier,
sonst kommt er raus und trinkt mit Dir!

Dazu sag ich nur »Prost«, und was gegen Kälte hilft, ist stets willkommen.

Der Harzer Roller

Beim Harzer Roller gibt es nicht nur eine, sondern gleich zwei namentliche Verquickungen. Darin verwickelt sind: ein Vogel und zwei Käsesorten.

Welcher Harzer Roller war zuerst da: der Kanarienvogel oder der Käse?

Es war der Vogel (siehe S. 65). Dessen Gesang auch ein sogenanntes Rollen beinhaltet, was sehr schön klingt. Kanarienvögel wurden im Harz von Bergleuten aus zwei Gründen gezüchtet – zum einen als einträglicher Nebenerwerb, denn die Vögel verkauften sich gut wegen ihres Gesangs, zum anderen als Lebensretter in den Bergwerksgruben, denn die Vögel reagierten empfindlich auf das giftige, jedoch geruchlose Gas Kohlenmonoxid und warnten die Bergleute, wenn das Gas in einen Stollen eingedrungen war. Diese Warnung war gut für den Bergmann, jedoch nicht so gut für den Vogel: Er fiel von der Stange.

Aber nun zum Käse. Sein Name ist ein kleiner Sprachwitz, der Käse singt keine nach »Rollern« klingenden Lieder wie der Kanarienvogel, doch er hat eine runde, zu einer Rolle zusammengefügte Form und zudem die gelbe Farbe wie ein Kanarienvogel. Und das machte den kleinen Stinker zum Namensvetter des Vogels: Harzer Roller.

Der Harzer Roller in Käseform gilt Kennern und Liebhabern als Delikatesse – je älter, desto würziger. Der Geruch von überreifem Harzer Roller ist legendär, er lässt einem die Knie so weich werden wie es der Käse dann auch ist … nahezu flüssig.

> Ich verbinde mit dem Harz wunderschöne Kindheitserinnerungen in Bad Harzburg: Abenteuerspiele in dichten Fichtenwäldern, der Dialekt meiner Großeltern. Ich mochte auch und mag bis heute: Harzer Käse mit Schmalz und Brot.
>
> Christiane Schlüter, Augsburg

Ursprünglich wurde der Harzer Roller im nördlichen Harzvorland aus entrahmter Sauermilch und einer Portion Kümmel hergestellt – in Bad Harzburg, Vienenburg und Immenrode. Die Käselaibe gibt es stets ohne den Schimmelmantel anderer Sorten, sie sind goldgelb, klein und als Rolle aneinandergereiht. Sie enthalten kaum Fett, dafür umso mehr Eiweiß. Das ist der Harzer Roller oder auch Harzer Käse.

Ein ganz anderer Käse ist der Harzkäse, obwohl er fast genauso heißt wie der Harzer Käse. Doch der Harzkäse wird nicht aus Sauermilch, sondern aus Süßmilch und Lab hergestellt. Es gibt ihn selten in Supermärkten, denn er ist ein naturbelassenes Milchprodukt, das es meist direkt bei den Bauernhöfen oder in der Harzer Gastronomie gibt. Um ihn namentlich besser vom Harzer Roller zu unterscheiden, wird er auch »Zellerfelder Bergkäse« genannt.

Unterschiedliche Sauermilchkäsesorten: links der typische Harzer Käse.

Harzer Biere: Hasseröder, Altenauer und Pubarschknall ...

... dazu noch Gosebier und Clausthaler (einstmals), Mansfelder Kupferbier und Wipprator-Bier ...

Gerne mal als »Auerhahntee« bezeichnet, ist das **Hasseröder Bier** mit dem Auerhahn im Logo wohl die bekannteste Harzer Biermarke. Auffallend ist auch das hochmoderne Brauereigelände am Ortsrand von Wernigerode, dort riecht es immer etwas nach Malz, und die Bierkästenstapel sind haushoch. Der Slogan »Hasseröder – Harzhaft frischer Biergenuss« wurde bundesweit per TV bekannt.

Im Jahr 1872 hatte der Bierbrauer Robert Hoppe im Wernigeröder Ortsteil Hasserode seine Brauerei »Zum Auerhahn« gegründet. Der Betrieb wuchs seither stetig, war zu DDR-Zeiten erfolgreich und steigerte seine Verkaufszahlen nach der Wiedervereinigung noch einmal enorm.

In Quedlinburg gibt es eine Brauerei mit Gasthaus: die Brauerei Lüdde. Hier wird ein Bier mit dem schönen Namen »**Pubarschknall**« gebraut. Ein Name, der genau das meint, wonach er klingt: nach gewaltigen Blähungen. Zu Beginn des Braubetriebes im Jahr 1876 war es nämlich üblich, Braunbier herzustellen – das war ein unreifes Bier, das die Kunden mit Wasser mischen und in Bügelflaschen einige Tage reifen lassen mussten. War der Reifeprozess noch nicht abgeschlossen, bekam man von dem Bier Blähungen.

In der Museums- und Traditionsbrauerei Wippra (Ortsteil von Sangerhausen) können Besucher zusehen, wie vor hundert Jahren Bier gebraut wurde. Denn dort wird das **Wippraer Traditionsbier** noch immer auf dieselbe Art und Weise hergestellt. Ein historisches Riemengetriebe hält dabei alle Rührwerke und die alte Schrotmühle in Bewegung. Gebraut wird Pils, Schwarzbier, Bockbier, Kickerbier, Edelbräu, Mansfelder Kupferbier und Wipprator. Im Haus werden Führungen und Braukurse angeboten.

Altenauer Bier – so wirbt die Brauerei in Altenau – wird noch mit viel Zeit, Kompetenz und Liebe gebraut. Auch hier werden Führungen und Verkostungen angeboten. Seit 1617 gibt es diese Brauerei schon, sie ist die einzige noch verbliebene von so vielen Brauereien im Oberharz. Gebraut wird Altenauer Bier, Harzer Hüttenbier und Altenauer Dunkel.

Clausthaler Bier wurde einst wirklich in Clausthal gebraut, doch heute kommt es aus Frankfurt / Main, nur der Markenname deutet noch auf die ursprüngliche Herkunft hin.

Das **Gosebier** ist eine Weizenbierspezialität, die ursprünglich aus Goslar stammt, sie wurde dort im Mittelalter gebraut und nach dem Flüsschen Gose benannt, das durch Goslar fließt. Das Rezept verbreitete sich über Blankenburg, Quedlinburg, Halberstadt bis nach Dessau, Halle und Leipzig. Die Gose stellt einen eigenen Biertyp dar, es entsteht durch Spontangärung, besitzt einen hohen Anteil an biologischer Milchsäure, zudem werden Kochsalz und Koriander zugesetzt. Diese Brauart ist sehr alt. Die Gose-Herstellung kam in Goslar im 19. Jahrhundert zum Erliegen, wurde aber in Leipzig unverdrossen fortgeführt. Das Bier wird heute noch in Leipzig gebraut. Und seit 1993 auch wieder in Goslar selbst.

Zu all dem Bier schmecken einige Harzer Gerichte besonders gut:

Harzer Forelle

Sie schwimmen in der Bode z. B. an Treseburg vorbei und landen mitunter auf den Tellern der dortigen Gasthäuser, so wie auch in den anderen Harzorten. Forellen werden z. B. in Veckenstedt, im Kloster Michaelstein bei Blankenburg und in der Nähe von Questenberg gezüchtet. Gebraten oder gedünstet – sie sind köstlich mit Zitrone und Salzkartoffeln.

Harzer Schmorwurst

... aus fein gehacktem Schweinefleisch, mit Speck und Kümmel abgeschmeckt, gebrüht und geräuchert, wird im Harz gerne gegessen mit Braunkohl bzw. Grünkohl (es ist ein- und dieselbe Kohlsorte, nur das Farbempfinden der Menschen ist so unterschiedlich).

Siebertaler Würzkuchen

Hinter diesem Namen verbirgt sich ein herzhafter Kuchen aus Mehl, Eiern, Wasser, Schmalz und Salz, der eine Füllung aus Wildfleisch, Äpfeln, Speck, Eiern, Knoblauch und Kräutern bekommt. Damit nicht genug wird das Ganze noch mit einer Kräutersoße aus diversen Kräutern und Weißwein verfeinert.

Hackus und Knieste

Hackus und Knieste ist ein spezielles Gericht aus dem Harz. Dafür werden ungeschälte halbierte Kartoffeln mit Öl bestrichen, mit Salz und Kümmel gewürzt und gebacken. Dazu gibt es Gehacktesstippe – Hackfleisch mit Zwiebel und Eigelb vermischt und gebraten, dazu reicht man gerne auch ein paar Gurken. Ein einfaches Gericht, das gerne in den Schaubergwerken als Urharzer Bergmannsspeise angeboten wird. In Wieda wird dem Kniester-Essen ein ganzes Straßenfest gewidmet: das »Spelle varn Schwelle«, das jedes Jahr auf dem Bohlweg stattfindet.

Hackus und Knieste, hier variiert mit Hackbällchen.

Stolberger Lerchen

In Stolberg pfeifen die Würste in der Pfanne. Das sind die Stolberger Lerchen. Ihren Namen verdanken sie diesem Pfeifton, der beim Erhitzen der Würste entsteht. Er erinnert an den gleichnamigen Vogel. Das Rezept für die Wurst ist ein großes Geheimnis. Seit Jahrhunderten stellen Stolberger Fleischer Lerchen her, ohne die Zutaten zu verraten. Der enge Kreis der Geheimnisträger hält dicht. Beim jährlichen Lerchenfest werden an die tausend Würste verkauft. Sie schmecken am besten mit Grünkohl, Kartoffeln, Salat oder im Brötchen mit Senf. Und wenn sie in der Pfanne bräunen, geben sie gratis ein Pfeifkonzert.

Halberstädter Würstchen

Berühmt, prämiert, knackig lecker aus der Dose: einfach in Wasser erhitzen und reinbeißen. Die mehrfach preisgekrönten Halberstädter Würstchen schmecken immer. Der Halberstädter Friedrich Heine (siehe S. 198) war mit seiner Unternehmensgründung im Jahr 1883 nicht nur der Urvater der Firma Halberstädter Würstchen- und Konservenfabrik, sondern er ist überhaupt auch der Erfinder der Dosenwurst als solche!

Nordhäuser Doppelkorn

Seit dem Mittelalter brennen die Nordhäuser Branntwein, und – sobald es von den Stadtherren erlaubt wurde – auch den berühmten Kornbranntwein. Kornbrenner aus Nordhausen hatten Ende des 17. Jahrhunderts einen so guten Ruf, dass man versuchte, sie abzuwerben. Zu DDR-Zeiten war Nordhäuser Doppelkorn genauso berühmt wie nach der Wende das Korn pickende Huhn der bundesweiten TV-Werbung.

Heute stellt die Nordbrand Nordhausen GmbH den Schnaps industriell her. Zwei riesige, kirchturmhohe Kornflaschen zeigen den Standort der Fabrik an und prägen die Silhouette Nordhausens mit.

Museum Nordhäuser Doppelkorn Traditionsbrennerei

Die Erinnerung an die lange Geschichte des Nordhäuser Korns zu bewahren, hat sich das Museum Nordhäuser Doppelkorn Traditionsbrennerei zur Aufgabe gemacht. Denkmalgeschütztes Jugendstil-Gebäudeensemble und modernes Erlebnismuseum in einem, bietet es Besuchern die fünfhundertjährige Geschichte der Nordhäuser Brenntradition dar. Gästen wird die Kunst der mittelalterlichen Kornbrennmeister vorgeführt und sie dürfen, wenn sie erwachsen sind, auch vom Ergebnis kosten. Alte Branntweinfässer und Kornflaschen gehören zu den originalen Ausstellungsstücken des Museums.

Harzer Likör-Manufaktur Gernrode

Die Likör-Manufaktur in Gernrode widmet sich ebenfalls dem besonderen Geschmack der Harzregion. Die dort hergestellten Liköre mit Namen Ritter Bodo, Walpurga oder Hexenbitter gehören zu einer umfangreichen Palette an Kräuter- und Fruchtsaftlikören, Bränden und Destillaten. Seit fünfzig Jahren gibt es das Unternehmen. Es bietet Verkostungen und Führungen an, und zusammen mit der Bad Lauterberger Konditorei Mangold hat es die »Walpurga«-Sahne-Trüffel-Praline entwickelt. Alle Rezepte sind auch hier streng geheim.

»Harzer Traminer« – Wein aus Westerhausen

Für Weinanbau ist der Harz eine eher ungewöhnliche Gegend. Eine uralte Tradition gibt es dafür noch nicht, denn der Harz hat andere Wetter als die typischen Weinanbaugebiete. Doch Matthias Kirmann hat es vor über zwanzig Jahren an einem sonnigen Hang bei Westerhausen damit erstmalig versucht und ist inzwischen ein erfolgreicher Winzer mit Anbaugebieten in Westerhausen und Quedlinburg. Die Sorte edelsüßer »Harzer Traminer« hat schon einige Preise gewonnen.

246

Harzer Whisky aus Zorge

Das Huhn Henriette, Werbe-trägerin für die Marke Echter Nordhäuser.

Der Harzer Whisky Glen Els wird in der 1985 gegründeten Manufaktur und Brennerei Hammerschmiede in Zorge hergestellt. Neben Kräuterlikören und Schnäpsen wie dem »Schmiedefeuer« wird auch der Whisky nach alter Handarbeitstradition ohne künstliche Zusätze, Aromen oder Farbstoffe hergestellt. Lange lagert er in Eichenholzfässern und gewinnt so sein charakteristisches Aroma. Täglich werden Führungen und auch Verkostungen angeboten. Über fünfzig Spirituosensorten bietet die kleinste Harzer Spirituosenmanufaktur an.

Klosterbrennerei Wöltingerode

»Nach einem Brand im Jahre 1676 gründete der damalige Propst eine Brennerei auf dem Klostergut.« So steht es auf der Internetseite des Klosters. Der Satz klingt ziemlich skurril. Nach dem Motto: Oh, es brennt. Da kommt mir direkt eine Idee! Es könnte auch die Idee der damaligen Äbtissin Lucia Rosa gewesen sein, da widersprechen sich die Aufzeichnungen. In barockem Stil wurde das Kloster nach dem Brand wiederaufgebaut, samt Brennerei.

Basierend auf uralten Traditionen und geheimen Rezepten werden auch heute noch Liköre und Edelkorn hergestellt, nicht in Industrie-, sondern in Manufaktur-Arbeit und darum sinnlich, naturnah, heimatverbunden, wie dies auch schon bei den oben vorgestellten Manufakturen der Fall ist. In alten Eichenfässern lagert der Korn in der alten Krypta. Im Winter wird die Produktion mit einer über hundert Jahre alten Dampfmaschine unterstützt. Alle Zutaten stammen aus eigenem Anbau aus der Umgebung.

Weiterhin gibt es im Kloster Wöltingerode ein Lachs-Informationszentrum; hier erfahren Besucher alles über die Wiederansiedlung von Lachsen in Harzer Gewässern.

Baumkuchenhaus Wernigerode

Schon im Jahr 1749 gab es Wernigeröder Baumkuchen. Diese spezielle Delikatesse hat also auch schon eine über dreihundert Jahre währende Tradition. Neu und modern ist dagegen das »Baumkuchenhaus« am Stadtrand von Wernigerode. Es entstand im Jahr 2008 in Form eines riesigen, begehbaren Baumkuchens bzw. zweier Baumkuchen, die nun haushoch in der Landschaft aufragen. Im Inneren befindet sich ein großes Café, wo es Baumkuchen in vielfältigsten Varianten gibt und – hinter einer großen Glasscheibe – die Schaubäckerei der Baumkuchenmanufaktur. Das Café ist täglich geöffnet, und jeden Freitag und Samstag von 14 bis 16 Uhr können die Gäste hier zusätzlich sehen, wie der Baumkuchen hergestellt wird, Schicht für Schicht an einer rotierenden Backwalze vor offenem Feuer.

Wedeln am Bocksberg und Gleiten in Friedrichsbrunn

Der Winter im Harz mit Loipen, Pisten und Schlittenhunderennen

Zehn Ski-Alpin-Gebiete, 53 Pisten, 500 Kilometer Loipennetz, 39 Rodelbahnen, zwei Snowtubing-Bahnen, fünf Eislaufflächen in der Halle oder im Freien bietet der Harz im Winter. Zudem lässt es sich auf geräumten Wegen prima Winterwandern oder auch auf geliehenen Schneeschuhen durch den Schnee stapfen.

Eine Loipe für den Anfang.

An der Wolfswarte zwischen Altenau und Torfhaus blickt man auf den Winterharz; ganz rechts befindet sich der Brocken.

Skigebiet Braunlage und Wurmberg

Braunlage mit dem Skigebiet am Wurmberg ist im Winter das größte und höchstgelegene Skigebiet des Harzes. Die Pisten werden beschneit, wenn es mal am Schnee mangelt, mehrere Lifte fahren den Berg hinauf. Auf der Wurmberg-Alm gibt es Gastronomie. Ski-Alpin, Ski-Langlauf in allen Schwierigkeitsgraden, Rodeln, Snowboarding und Übungshänge – für jeden ist ein Winterparadies geschaffen.

In **Hohegeiß** sorgt neben dem Skizentrum mit Abfahrten und Loipen neuerdings auch ein Motorschlitten-Funpark für winterliches Vergnügen. Weitere Ski-Alpin-Orte sind **Altenau-Torfhaus** mit mehreren Liften, Loipen und grandiosem Blick zum Brocken, **Sankt Andreasberg** / **Sonnenberg** / **Oderbrück** mit dem Matthias-Schmidt-Berg und dem Wettkampfzentrum für Ski-Langlauf, **Hahnenklee** mit dem Bocksberg, Ski-Zentrum **Bad Sachsa** am Ravensberg, Ski-Alpinum **Schulenberg**, Ski-Club **Wernigerode** im Zwölfmorgental, die Abfahrten in **Bad Lauterberg**, **Osterode-Lerbach** und **Benneckenstein** sowie das Skigebiet **Clausthal-Zellerfeld**, wo auch die Nachwuchsathleten im Biathlon trainieren.

Nicht nur Abfahrten, auch Rodelhänge und Loipen werden in allen Schwierigkeitsgraden geboten.

Für Langläufer ist besonders die Langlauf-Arena Bodetal in **Friedrichsbrunn** mit ihrem variablen Loipennetz interessant, gespurt wird auch in und um **Schierke**, **Herzberg**, **Wieda**, **Wildemann**, **Seesen**, **Bad Harzburg** und **Bad Grund**. Einige Strecken eignen sich für die Technik des Skatings auf Langlaufskiern – so wie es die Wettkampfläufer praktizieren.

Manche Anlagen – ob für Abfahrt oder Loipenstrecken werden beschneit oder mit Flutlicht beleuchtet.

Wenn der Harz überlaufen ist, finden sich ruhige Wege am Marienteich. Das hat zudem den Vorteil, dass man das Nadelöhr Torfhaus meidet. Will man Ski laufen oder durch den Schnee stapfen, bietet auch Schulenberg eine Menge – dort ist es auch schön und deutlich leerer als an anderen Stellen.

Detlef Kühlewind, Vienenburg

Oberharzer Skijöring in Elend

Jedes Jahr findet in Elend auf dem Gieseckenbleek ein PS-starkes Ski-Jöring-Schau-Spektakel statt. Vor großem Publikum lassen sich mutige Skifahrer an einem Seil von Pferden, Geländewagen und Motorrädern über einen extra angelegten Hindernisparcours ziehen. Pferde und Ponys (mit Reitern) als Zugtiere bilden dabei die »Traditionsklasse«, alles andere die Motorklasse.

Skispringen in Wernigerode und Braunlage

Die Wurmbergschanze, die größte Schanze im Harz hoch über Braunlage, gibt es nicht mehr. Im Jahr 1922 war sie als 40-Meter-Schanze gebaut worden. Ihr Auslauf war nordostwärts in Richtung des Großen Winterbergs nach Schierke gerichtet. Früher fanden dort Skisprungwettkämpfe statt, obwohl die Grenzanlagen der DDR nur wenige Meter hinter dem Auslauf begannen. In den achtziger Jahren wurde die Schanze zur 80-Meter-Schanze vergrößert. Zahlreiche internationale Wettbewerbe fanden dort statt. Im Jahr 2014 musste die Schanze wegen statischer Probleme abgerissen werden.

In Braunlage befinden sich noch am Südfuß des Wurmbergs die Brockenwegschanzen, die meisten davon werden als Mattenschanzen vom Wintersportverein Braunlage für Training und Wettkämpfe genutzt.

Auf den Schanzen im Zwölfmorgental in Wernigerode werden Skisprung-Wettkämpfe ausgetragen bzw. Trainingseinheiten für selbige absolviert. Mattenschanzen gewährleisten den Trainingsbetrieb auch in der warmen Jahreszeit.

Eislaufen und Eishockey

Die Eissporthalle in Braunlage ist zentraler Punkt für Eishockeyspieler und Freizeit-Schlittschuhläufer. Hier trainieren der Eishockeyclub EC Harzer Falken (zurzeit Oberliga Nord) und die Freizeitmannschaften der Harzer Luchse.

Besucher können auch in den Sommermonaten zum Schlittschuhlaufen oder zur Eisdisco kommen, wenn nicht gerade Sanierungsarbeiten stattfinden. Schlittschuhe und Eisstöcke für Eisstockschießen gibt es im Verleih.

Das Salztalparadies in Bad Sachsa bietet ein Jahreszeiten-Rundum-Paket: Während im einen Teil Besucher in sommerlichen Badehosen die Wasserrutschen hinunterdüsen, drehen im anderen Teil die winterlichen Schlittschuhläufer ihre Runden. Auch hier gibt es Schlittschuhe, Eisstöcke und Discomusik. Eishockey wird auch gespielt, hier trainiert der EHC Osterode – jedoch nur für Freundschaftsspiele.

Freiluft ist Eislaufen natürlich nur im Winter möglich – hier bieten sich schöne Kunst- und Natureisbahnen an: das Natureisstadion Hohegeiß, die Freiluft-Kunst-Eisbahn in Bad Harzburg oder die Natureisfläche in Hahnenklee mitten im Kurpark. Die Ausleihe von Schlittschuhen, Laufhilfen, Eisstöcken oder Eishockeyschlägern und -pucks ist auch hier möglich.

Schlittenhunderennen und Besuchertouren auf Hundeschlitten

In Clausthal-Zellerfeld, Benneckenstein, Tanne und Hasselfelde werden jedes Jahr Schlittenhunderennen veranstaltet.

Gespanne mit zwei bis acht Hunden fahren hier um die Wette über knirschenden
Schnee und glitzernde Weiten der Harz-

*Winter im Harz mit Dampf-
zug auf dem Brocken.*

wiesen oder auch wie der Wind die Harzwege entlang. Sibiri-
sche Huskys, Grönländer und Samojeden gehören zu den
Hunderassen, die für den Schlittensport trainiert werden;
»Musher« werden die Gespannführer genannt. 6 bis 14 Kilometer lang können die Strecken sein, fehlt der Schnee, werden die Schlitten durch Wagen ersetzt. Wer selber einmal auf
einem Hundeschlitten mitfahren möchte, kann eine etwa
dreistündige Tour in Begleitung eines erfahrenen Mushers in
Clausthal-Zellerfeld bei Adrenalintours buchen.

Setzbügeleisenschießen – eine Sportart aus Wildemann

Ein Bügeleisen sollte nicht nur zum Bügeln da sein, vor allem, wenn so schöne Eisflächen locken und der Winter einen auf besondere Ideen bringt: Die originelle Sportart des Setzbügeleisenschießens wurde im Oberharz erfunden – in Wildemann.

Im Jahr 1986 fand in der Bergstadt zum ersten Mal ein Wettbewerb mit Bügeleisen statt: Teilnehmer ließen ihre Lieblingsbügeleisen über eine 18,50 Meter lange Eisbahn gleiten und versuchten, die am Bahnende aufgestellten farbigen Holzkegel zu treffen. Die Idee und die schön dahingleitenden Bügeleisen fanden besonderes Medienecho. Somit entwickelte sich mit den Jahren das Setzbügeleisen-Eisschießen zu einem Volkssportvergnügen. Vereine wurden gegründet, Sponsoren gefunden, Trainingszeiten gebucht, Wettbewerbe ausgetragen – zunächst im Harz, dann auch deutschlandweit. Dies alles führte im Jahr 1997 zu den ersten Deutschen Meisterschaften. Charmant daran ist, dass jeder teilnehmen kann – Kinder und Erwachsene, Einzelakteure und Teams, Trainierte und Untrainierte. Überall, wo gebügelt wird, ist das Sportgerät zur Hand.

In Drei-Annen-Hohne-am-Bahnhof-Stehen ...

... ist keine Wintersportart. Aber ein besonderes Vergnügen, wenn die Harzer Schmalspurbahnen mit ihren Dampfloks ein- und

*Winterbeschäftigung
der anderen Art.*

ausfahren. Im Winter stehen die Dampfwolken besonders beeindruckend in der kalten Luft. In Drei Annen Hohne begegnen sich oft mehrere Züge auf einmal, nehmen neues Wasser in die Kessel auf, oder es werden Lokomotiven rangiert. Wer die kleinen Dampfloks mag, ihren Geruch, ihr Pfeifen, die dicken Ruß- und Wasserdampfwolken, kann dort schon mal einen ganzen winterlichen Nachmittag verbringen.

Die Welt auf eines Berges Gipfel

TU Clausthal-Zellerfeld
und andere Bildungsstätten

Technische Universität Clausthal

In Clausthal-Zellerfeld werden viele Sprachen gesprochen. Studenten aus aller Welt – hauptsächlich aus Asien, Afrika und Europa – leben dort für einige Zeit, um an der Technischen Universität Clausthal zu studieren.

Der Bergbau im Harz war ausschlaggebend für die Entstehung der Institution. Im Jahr 1775 wurde die »Clausthaler montanische Lehrstätte« gegründet, um Bergbautechniken zu vermitteln. 1864 wurde daraus die damals schon international anerkannte Bergakademie. Hier wurde neben der Lehre auch Forschung betrieben, wurden neue technische Erfindungen umgesetzt: ausgefeilte Systeme zur Nutzung der Wasserkraft, das Drahtseil von Oberbergrat

Die alte Postkarte zeigt das einstige Gebäude der heutigen TU.

Clausthal
Die Königliche Bergakademie
Einst und jetzt

Albert, die Fahrkunst von Dörell, Verfahrenstechniken für die Verhüttung der Erze sowie neues Wissen über Werkstoffe und Maschinenbau.

Stets wurden auch die Studiengänge der Zeit angepasst. Heute sind Informatik, Kunststofftechnik, betriebswirtschaftliche Studiengänge ebenso Bestandteil des Studienangebots wie die klassischen technischen Fächer, aus denen wiederum Fächer wie Materialwissenschaften, Ressourcen-Forschung, Geowissenschaften u. a. hervorgegangen sind.

Die TU Clausthal ist auch Initiatorin des Energie-Forschungszentrums Niedersachsen in Goslar. Weiter beteiligt sich die Universität an der Weltraumforschung und an der Energieforschung. 1 100 Mitarbeiter und hundert Auszubildende sowie etwa fünftausend Studenten zählt die Universität heute.

Hochschule Harz, Hochschule für angewandte Wissenschaften

Die Hochschule Harz wurde im Jahr 1991 in Wernigerode gegründet. Angeboten werden Studiengänge im Bereich der Wirtschaftswissenschaften (International Business Studies, Betriebswirtschaftslehre, Tourismusmanagement, Wirtschaftspsychologie u. a.) sowie bald auch Automatisierung und Informatik (so etwa Wirtschaftsinformatik, Medieninformatik, Smart Automation). In Halberstadt entstand bald ein weiterer Hochschulstandort für den Fachbereich Verwaltungswissenschaften (mit den Fächern Verwaltungsökonomie, Europäisches Verwaltungsmanagement u. a.). Zu Beginn studierten 77 Studenten an der Hochschule Harz, inzwischen sind es über dreitausend Studenten! Diese Schule hat sich also in kurzer Zeit beachtlich entwickelt, ist modern und international anerkannt, sie kooperiert mit Partnerhochschulen in 28 Ländern. Geforscht wird zu den Fachbereichsthemen zu Klimaschutz, Kommunikationstechnologien, Demographie und Tourismus.

Hochschule Nordhausen

Gegründet im Jahr 1997/98 in Nordhausen, bietet die Hochschule Studiengänge in den Fachbereichen Ingenieurwissenschaften (Energie, Geotechnik, Automatisierung, Elektrotechnik, Informatik, Maschinenbau u. a.) sowie Wirtschafts- und Sozialwissenschaften (z. B. Heilpädagogik, Betriebswirtschaft oder Sozialmanagement). Etwa 2 400 Studenten lernen hier. Auf dem grünen Campus befinden sich mehrere Studentenwohnheime, alle Hochschuleinrichtungen sind von dort zu Fuß zu erreichen.

Audimax der FH Nordhausen.

Was bleibt ... ein Schlusswort

Nationalpark und UNESCO-Welterbestätten – damit sind dem Harz zwei starke Schutzsiegel aufgeprägt. Wirtschaftliche Ausbeutung, industrielle Verschmutzung, Kahlschlag und Grenzzaun gehören der Vergangenheit an, was nun folgt, ist Rekonvaleszenz und Pflege und die Hoffnung und Zuversicht, den kommenden Generationen saubere Gewässer, gesunde Wälder, eine reichhaltige Pflanzen- und Tierwelt sowie wohnenswerte Städte und Dörfer zu erhalten.

Goslar – Blick vom Turm der Marktkirche.

Ausgewählte Webadressen zu hier genannten Themen und Orten

Kopfstand mit Überschlag – ein Gebirge turnt sich nach oben
http://geomuseum.tu-clausthal.de
www.geopark-harz.de
www.harzregion.de

Tropfstein, Bärenknochen und pinselkiemige Grottenolme
www.barbarossahoehle.de
www.einhornhoehle.de
www.harzer-hoehlen.de
www.hoehle-heimkehle.de
www.hoehlen-erlebnis-zentrum.de

Auf die langsame Tour von Augenblick zu Augenblick
www.försterstieg.de
www.harzerbaudensteig.de
www.harzer-klosterwanderweg.de
www.harzer-wandernadel.de
www.hexenstieg.de
www.karstwanderweg.de
www.selketal-harz.de

Der Silberschatz im Rammelsberg – wo Männer tief gegraben haben
www.bad-sachsa.de
www.harzer-roller.de
www.knesebeckschacht.de
www.lange-wand.de
www.lautenthals-glueck.de
www.mansfeld-museum.hettstedt.de
www.rabensteiner-stollen.de
www.rammelsberg.de
www.roehrigschacht.de
www.schaubergwerk-elbingerode.de
www.strassberg-harz.de

Ein Komplott in Quedlinburg und eine Pfalz in Goslar
www.burg-anhalt.de
www.burg-zilly.de
www.falkenstein-harz.de
www.goslar.de
www.grafschaft-stolberg.de

www.museum-schloss-herzberg.de
www.quedlinburg.de
www.rettung-schloss-blankenburg.de
www.schloss-wernigerode.de
www.schloss-ballenstedt.de
www.schloss-wernigerode.de
www.stadt-stolberg.de
www.stiftskirche-gernrode.de

Vom Zwergenhäuslein zum Prunkschloss
www.fachwerkhaus.de
www.geschichtsvereingoslar.de
www.goslar.de
www.hausgeschichte-wernigerode.de
www.wernigerode.de/de/das-kleinste-haus.html
www.quedlinburg.de
www.siemenshaus.de
www.stolberg-im-harz.de

Die Wirtschaftsmönche von Walkenried
www.bodetal.de
www.huysburg.de
www.kloster-druebeck.de
www.klosterilsenburg.de
www.kloster-michaelstein.de
www.kloster-walkenried.de
www.wegdermitte.de
www.wiperti.de
www.woeltingerode.de

Mit Worten die Zeit überdauert
www.aslsp.org
www.einar-schleef-arbeitskreis.de
www.gleimhaus.de
www.novalis-gesellschaft.de
www.nordhausen.de/kultur/museen/museen.php?ID=22198
www.walther-reinboth.bplaced.de
www.wilhelm-busch-haus.de
www.wilhelm-schmied.de
www.winuwuk.de

Das fliegende Königreich – berauschende Weite und Mummenschanz
www.harztheater.de
www.kulturkraftwerk.de
www.theaterlandschafft.de
www.theater-nordhausen.de

www.theater-thale.de
www.theaterverein-ballenstedt.de
www.waldbuehne-altenbrak.de

Als das Flüsschen Ecker unüberwindlich war
www.bonhoeffer-haus-friedrichsbrunn.de
www.gm-badsachsa.de
www.grenzmuseum-sorge.de

Ein Dampfross stampft durch Wald und Flur – das sind Maschine und Natur
www.bergwerksbahn.de
www.ebm-vienenburg.de
www.hsb-wr.de
www.ruebelandbahn.de
www.wipperliese.de

Die Rückkehr der Luchse und Wildkatzen
www.gfn-harz.de
www.luchsprojekt-harz.de
www.nationalpark-harz.de
www.nationalpark-harz-jwh.de

Das Huhn pickt am Korn, der Auerhahn nippt Bier
www.altenauer-brauerei.de
www.brauhaus-goslar.de
www.halberstaedter.de
www.hammerschmiede-spirituosen.de
www.harzer-baumkuchen.de
www.hasseroeder.de
www.harzer-likoer.de
www.harzer-weingut.de
www.schierker-feuerstein.de
www.woeltingerode.de

Wedeln am Bocksberg und Gleiten in Friedrichsbrunn
www.eisstadion-braunlage.de
www.salztal-paradies.de
www.wintersport.harzinfo.de

Die Welt auf eines Berges Gipfel
www.fh-nordhausen.de
www.hs-harz.de
www.tu-clausthal.de

Ortsregister